Le guide incroyablement facile d'Android 13

Guide des téléphones Android pour les débutants (y compris le Pixel 7)

Scott La Counte

ANAHEIM, CALIFORNIE
www.RidiculouslySimpleBooks.com

Table des matières

Clause de non-responsabilité *: Veuillez noter que, bien que tous les efforts aient été faits pour assurer l'exactitude, ce livre n'est pas approuvé par Alphabet, Inc. et doit être considéré comme non officiel.*

Introduction

Lorsque vous voyez le prix d'un téléphone Pixel à côté d'un téléphone iPhone ou Samsung, vous imaginez probablement qu'il est un peu... moins cher. Vous vous tromperiez ; année après année, le Pixel a prouvé qu'il était peut-être le meilleur téléphone que l'on puisse acheter.

C'est plus vrai que jamais avec le Pixel 7. Non seulement il est plus rapide, mais l'IA qui travaille en arrière-plan commencera à se sentir comme votre assistant personnel.

Que vous passiez d'un iPhone ou d'un autre appareil Android, ce livre est fait pour vous. Il décompose tout ce que vous devez savoir sur l'appareil et le garde ridiculement simple !

Dans ce livre, vous découvrirez :

- Configurer votre téléphone
- Passer des appels
- Installation d'applications
- Utilisation de l'appareil photo
- Surfer sur l'internet
- Modification des paramètres du système
- Et bien plus encore !

Prêt à en savoir plus ? C'est parti !

[1]

Commencez ici

Pixel contre Pixel

L'intérêt de la prochaine génération de Pixel - comme de tous les téléphones de la marque - réside souvent dans le logiciel, et non dans le matériel. Là où Google brille par rapport à la concurrence, c'est avec l'IA intégrée dans le logiciel - une IA qui arrive en premier sur les téléphones de dernière génération, et qui parfois n'arrive pas du tout sur les téléphones plus anciens. Avec le Pixel 7, l'amélioration de l'IA est la plus forte avec ce qu'elle peut faire pour vos photos (nous y reviendrons plus tard).

Cela dit, le Pixel 7 présente quelques améliorations par rapport au Pixel 6 de l'année dernière.

Le prix, heureusement, n'a pas changé sur le Pixel ; les couleurs, cependant, ont changé - comme ils le font habituellement sur le Pixel. Sur le plan cosmétique, le Pixel est également légèrement plus léger et plus fin. La taille réelle de l'écran est également un peu plus petite, ce que vous ne remarquerez probablement pas. Le déverrouillage du visage est également de retour sur le Pixel - cette fonction n'existe plus depuis le Pixel 4 ; vous avez toujours la possibilité, cependant, de déverrouiller le téléphone avec une empreinte digitale.

En ce qui concerne le processeur, le téléphone est plus rapide ; il est doté d'une puce Tensor G2 mise à niveau, ce que les utilisateurs occasionnels ne remarqueront peut-être pas, mais qui permettra à votre téléphone de fonctionner de manière plus fluide en arrière-plan.

Mais c'est l'appareil photo que tout le monde veut connaître ! Si la caméra frontale a été améliorée à 10,8 MP (contre 8 MP sur le 6), la caméra arrière reste inchangée. Ce n'est pas le cas du téléphone de la série Pro, qui dispose d'un objectif ultra large et d'un meilleur zoom.

Voici une chose à prendre en compte si vous envisagez de passer du Pixel 6 au Pixel 7 : Google offre un rachat très équitable des téléphones au lancement. Échanger votre Pixel 6 contre un Pixel 7 vous coûtera probablement moins de 200 $ (la gamme de rachat change au fil du temps).

Pixel vs iPhone vs Samsung

Pour beaucoup de gens, la vraie question n'est pas de savoir comment le Pixel se positionne par rapport à lui-même, mais plutôt comment il se positionne par rapport aux autres téléphones phares, notamment l'iPhone et la série S de Samsung.

Alors, comment se porte-t-il ? En un mot : fantastique ! Tous les téléphones phares ont des caractéristiques qui les distinguent ; vous pouvez débattre toute la journée pour savoir lequel a le meilleur appareil photo, le meilleur processeur ou les meilleures applications, mais une chose est claire à propos du Pixel : il est, de loin, le meilleur rapport qualité-prix. Le prix des téléphones de Google est assez agressif par rapport à celui de la concurrence, et pour ce prix, vous obtenez un téléphone haut de gamme à un prix bien inférieur à celui des autres.

Mais regardons de plus près comment ils se comparent réellement.

Si l'on regarde le poids des téléphones, le Pixel est le plus lourd du lot (à partir de 197 grammes) ; le Samsung S22 est le plus léger (à partir de 168 grammes) ; il y a de fortes chances que vous ne le remarquiez pas.

Sur le papier, les appareils photo sont tous très différents ; sur l'iPhone de base (pas le pro), l'appareil photo est de 12 MP ; le Pixel et le téléphone Samsung sont de 50 MP. Mais ne vous fiez pas uniquement au papier lorsque vous parlez d'appareils photo ; même à 12 MP, beaucoup diront que les photos des iPhones sont meilleures. C'est vraiment l'objectif et la façon dont les photos sont traitées qui les rendent bonnes. L'iPhone surpasse le Samsung et le Pixel avec son objectif frontal : 12 MP contre 10,8 pour le Pixel et 10 pour le Samsung.

Le Pixel et l'iPhone peuvent tous deux capturer des vidéos 4K ; le S22 les surpasse avec la possibilité de filmer en 8K - mais, encore une fois, cela ne signifie pas qu'il s'agit d'une meilleure caméra vidéo ; aussi, gardez à l'esprit que la plupart des téléviseurs ne disposent pas actuellement de 8K, donc même si vous prenez une vidéo 8K, vous aurez du mal à trouver un endroit pour la montrer.

Il est difficile de comparer la mémoire interne des téléphones car l'iPhone ne divulgue pas la quantité de RAM de l'iPhone 14.

Le Pixel et Samsung utilisent tous deux l'USB-C ; l'iPhone s'appuie toujours sur un adaptateur à foudre, ce qui déçoit donc les personnes qui veulent un seul chargeur pour tout recharger.

[2]

Mise en place

Ce chapitre couvre :

- Configuration
- Déverrouillage du visage
- Principaux éléments de l'interface utilisateur

Configuration

La configuration est assez intuitive, mais il y a encore des écrans qui pourraient vous dérouter un peu. Si vous êtes un autodidacte et que vous aimez essayer des choses, passez directement à la section suivante sur les principaux éléments de l'interface utilisateur d'Android. Si vous souhaitez une présentation plus complète, lisez la suite !

Google sait que vous voulez commencer à utiliser votre téléphone, c'est pourquoi le processus est assez rapide ; la plupart des gens y consacreront environ 5 à 10 minutes.

La première chose que vous verrez est l'écran "Bonjour" ; vous pouvez techniquement passer un appel d'urgence sur cet écran, mais je ne le recommande pas à moins qu'il ne s'agisse d'une véritable urgence - il ne s'agit pas d'une urgence du type "Hé, maman, je vais être en retard"... il s'agit d'un appel direct aux secours "Je suis tombé et je ne peux pas me relever". Lorsque vous êtes prêt à commencer, appuyez sur le bouton bleu "Start".

Deux options s'offrent à vous sur l'écran suivant : se connecter au wi-fi afin de pouvoir lancer une configuration " sans carte SIM " ou insérer votre carte SIM.

Si vous ajoutez une carte SIM, vous pouvez sauter toutes les étapes suivantes. Si vous faites une installation sans carte SIM, appuyez sur "Start SIM-free setup instead". L'écran suivant explique ce qu'est le mode sans carte SIM. Ce mode est exactement ce qu'il semble être, mais il n'est pas pris en charge par tous les opérateurs. Si votre opérateur le prend en charge, alors je vous recommande de le faire, car tout sera stocké en ligne plutôt que sur une carte qui peut être facilement rayée et endommagée. Appuyez sur le bouton bleu "Suivant" pour commencer.

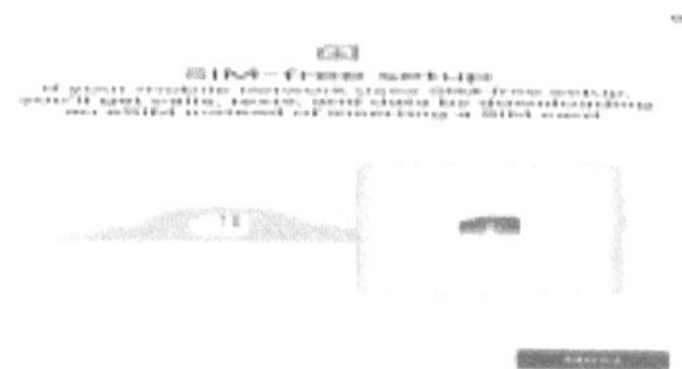

L'écran suivant vous invite à sélectionner votre réseau wi-fi. Il est suivi d'un écran de mise à jour. Cela devrait prendre environ une minute pour obtenir la dernière mise à jour. Une fois la mise à jour terminée, vous verrez l'écran "Copier les applications et les données".

Copy apps and data est assez ingénieux. Il vous permet de copier tout ce qui se trouve sur votre ancien téléphone afin de réduire le nombre d'opérations à effectuer sur le nouveau. Il fonctionne aussi bien avec l'iPhone (grâce à un adaptateur spécial) qu'avec Android. Il n'est pas parfait, surtout avec l'iPhone, mais il vous fera gagner du temps. Si vous venez d'un téléphone Android de génération précédente, vous pouvez également le faire sans cordon en utilisant votre identifiant. Si vous voulez passer outre et repartir de zéro, sélectionnez "Ne pas copier" dans le coin inférieur gauche.

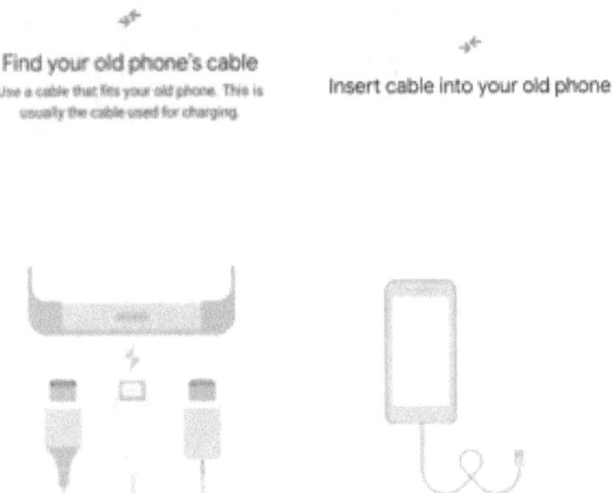

Ensuite, connectez-vous à votre compte Google (celui que vous utilisez pour vérifier vos e-mails, à moins que vous n'utilisiez pas Gmail). Si vous n'avez pas de compte Google, cliquez sur l'option permettant de le créer.

Une fois que vous aurez cliqué sur "suivant" et "s'identifier", vous obtiendrez un tas d'informations juridiques. En gros, ça dit que Google n'est pas responsable de quoi que ce soit. Acceptez-le ou vous venez de vous acheter une brique très chère. Vous verrez beaucoup de ces écrans juridiques, alors mettez vos lunettes de lecture et installez-vous pour une très longue nuit, ou acceptez-les.

L'écran suivant est celui des Services Google. Il s'agit de donner au téléphone l'autorisation d'utiliser des fonctions du téléphone (comme le lecteur d'empreintes digitales, les services de localisation pour savoir où vous vous trouvez, envoyer à Google et aux développeurs des rapports de panne, et sauvegarder votre téléphone sur Google Drive). Je vous recommande de les sélectionner toutes. Si vous êtes préoccupé par la confidentialité, je vous montrerai quelques ajustements que vous pourrez faire plus tard. Je dois également noter que si vous les désactivez ici, vous pourrez les réactiver plus tard.

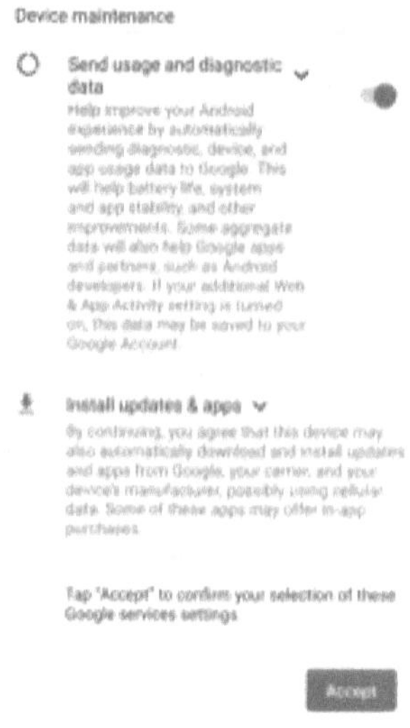

Nous vous rappelons une fois de plus que vous ne pouvez rien reprocher à Google. Ils veulent vraiment que vous compreniez cela. Ainsi, si le téléphone explose dans votre main, c'est évidemment de votre faute !

Ensuite, il est temps de commencer à configurer votre téléphone. C'était quoi tous ces autres trucs ? C'était ton compte. Première étape : le verrouillage de l'écran. En gros, si quelqu'un vole ou trouve ton téléphone, il ne peut pas l'ouvrir sans connaître ton mot de passe.

Si vous appuyez sur "Options de verrouillage de l'écran", vous verrez encore plus d'options. Le déverrouillage peut être un motif (par exemple, un mouvement en forme de sept), un mot ou un numéro (mais n'utilisez pas le code pin de votre banque !). Vous pouvez également ne pas ajouter de code et faire en sorte que votre téléphone soit toujours déverrouillé.

L'écran suivant vous demandera un code d'accès. Si vous appuyez sur "Options de verrouillage de l'écran", vous pouvez également ajouter un motif. C'est une question de préférence. Mon seul conseil est de ne pas utiliser un code que vous utilisez ailleurs (comme un code bancaire) ou un code facile (comme 1234).

Une fois que vous avez cliqué sur "Suivant", vous devez saisir à nouveau le code pour le confirmer.

Vous aurez également la possibilité d'ajouter une empreinte digitale pour déverrouiller votre téléphone. Contrairement à beaucoup de téléphones, le capteur d'empreintes digitales du Pixels se trouve sur l'écran lui-même. Plutôt cool, non ? Voici toutefois un petit conseil. Si vous êtes comme moi, vous allez probablement mettre une protection d'écran par-dessus pour être mieux protégé en cas de chute. Si vous trouvez qu'il ne fonctionne pas, mettez à jour le logiciel Android (je vous montrerai comment faire plus tard) et voyez si cela résout le problème.

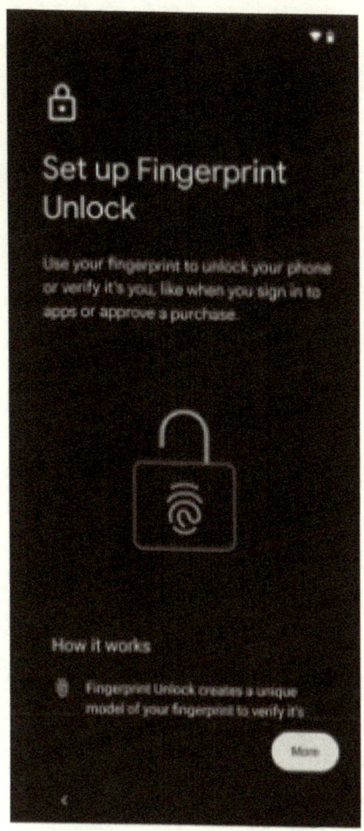

L'ajout d'une empreinte digitale est assez simple. Le téléphone vous indique exactement où votre doigt doit aller. Appuyez simplement votre doigt sur l'écran à l'endroit indiqué. C'est tout ! Vous pouvez ajouter un ou plusieurs doigts. Vous pouvez également ajouter les doigts d'autres personnes. Ainsi, si vous autorisez une personne à utiliser votre téléphone, vous pouvez également l'ajouter.

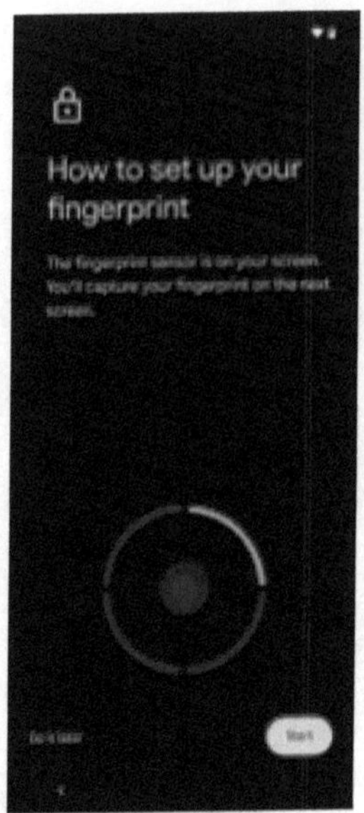

Appuyez simplement sur Ajouter un autre à la fin de la configuration si vous voulez en ajouter d'autres.

La nouveauté du Pixel 7 est la possibilité de déverrouiller avec votre visage ; c'est quelque chose qui manquait au Pixel 4.

La configuration de Google Assistant est la suivante. Google Assistant est l'équivalent de Siri chez Google. Vous pouvez appuyer sur "Quitter et obtenir un rappel" mais c'est très rapide à faire, donc il est préférable de le faire disparaître.

Une fois que vous avez accepté les conditions, vous êtes prêt à commencer. Quelques questions vous seront posées (sauf si vous avez un Google Home et que Google connaît déjà votre voix).

Vous avez presque terminé ! L'écran "Autre chose ?" est votre dernière chance d'ajouter des paramètres avant de terminer la configuration - et n'oubliez pas : vous pourrez modifier tout cela plus tard. Donc, si vous ne voulez pas le faire maintenant, vous pourrez toujours le faire plus tard. Si vous utilisez ce téléphone au travail, c'est une bonne idée d'ajouter ici votre adresse électronique professionnelle.

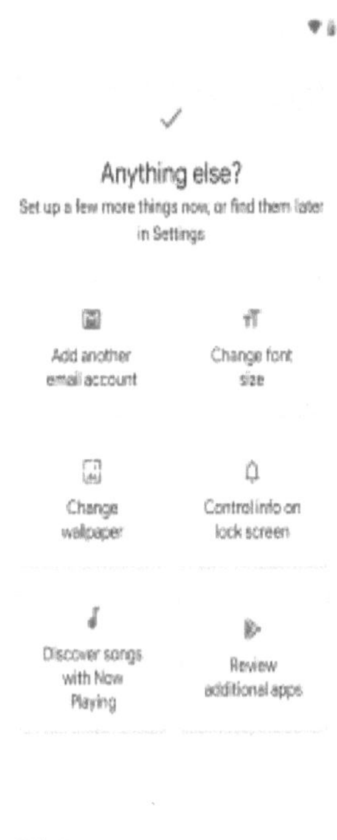

Le dernier écran vous demande si vous souhaitez recevoir des courriels de conseils de Google sur l'utilisation de votre téléphone. Au début, ces courriels sont utiles. Ils ne sont pas très fréquents. Si vous souhaitez les activer, il vous suffit de cliquer sur le bouton "S'inscrire" (il devient bleu ou reste bleu s'il est déjà coché).

Après quelques secondes, un écran s'affiche et indique "Go Home". On dirait que le téléphone vous dit que vous n'avez pas réussi la configuration et que vous devez maintenant rentrer chez vous les mains vides.

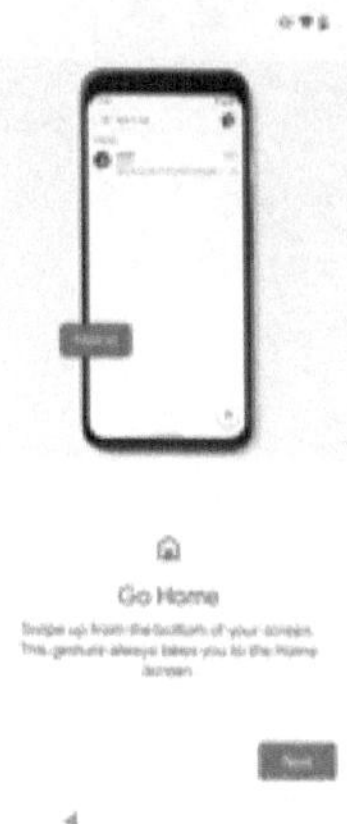

Ne vous inquiétez pas ! Il vous dit simplement d'aller sur l'écran d'accueil parce que vous avez enfin terminé. Ces derniers écrans sont de courts tutoriels qui vous donneront quelques conseils sur le fonctionnement du téléphone.

Après quelques conseils, vous verrez apparaître l'écran "All set !", qui est l'écran final. Vous avez enfin terminé !

Balayez vers le haut et vous verrez votre écran d'accueil. Vous êtes enfin prêt à utiliser votre téléphone !

Trouver son chemin

Les gens arrivent sur le Pixel à partir de toutes sortes d'endroits différents : iPhone, autre téléphone Android, téléphone à clapet, deux gobelets en polystyrène attachés ensemble par une ficelle. La section suivante est un cours intensif sur l'interface. Si vous avez déjà utilisé Android, cela peut sembler un peu simple, alors passez votre chemin si vous savez déjà tout cela.

Si tout cela vous semble un peu précipité, il y a une bonne raison : c'est le cas ! Nous aborderons ces points plus en détail ultérieurement. Il s'agit simplement d'une mise en route/référence rapide.

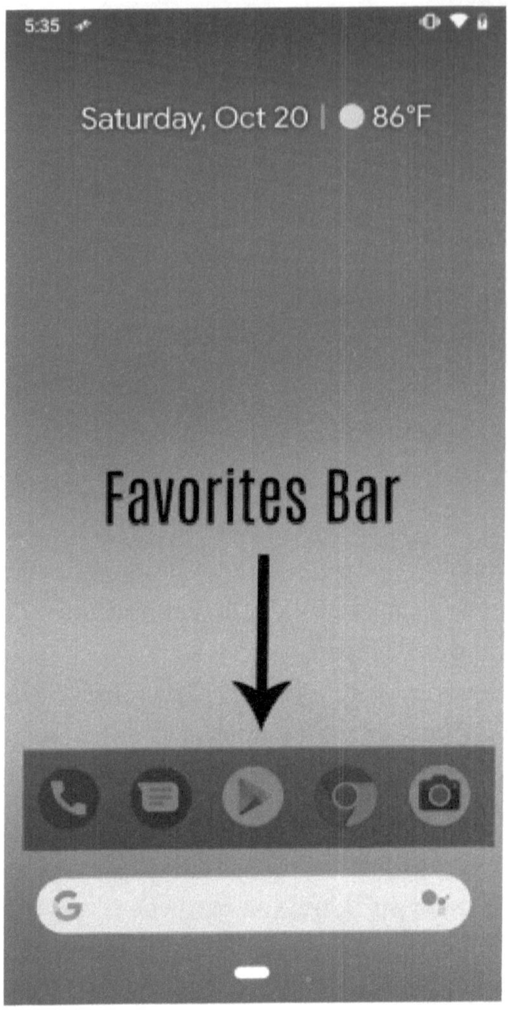

Au bas de l'écran se trouve la barre de raccourcis. Vous y passerez beaucoup de temps ; vous pouvez y ajouter ce que vous voulez, mais ce sont les applications que Google pense que vous utiliserez le plus.ils ont probablement raison. En fonction des paramètres que vous avez choisis et du téléphone que vous possédez, l'apparence peut être différente ou non. Par exemple, quatre applications peuvent s'afficher à la suite au lieu de six.

Alors, qu'est-ce que c'est ? En quelques mots, ce sont les suivants :

- **Le téléphone** : Vous voulez deviner ce que fait le bouton du téléphone ? Si vous avez répondu qu'il vous apporte une glace, alors vous n'êtes peut-être pas fait pour un téléphone. Mais si tu as répondu quelque chose du genre "Il lance une application pour appeler des gens", alors tu n'auras aucun problème avec ton nouvel appareil. Surprise, surprise : ce gadget coûteux qui joue à des jeux, prend des photos et vous tient au courant des divagations politiques sur les médias sociaux fait encore une chose intéressante : il appelle les gens !
- **Message** : Le mot "message" est peut-être un peu plus ouvert que "téléphone" ; il peut s'agir d'un message électronique, d'un message texte ou d'un message que vous recevez sans cesse sur le miroir de votre salle de bain vous demandant de baisser la lunette des toilettes. Dans ce cas, il s'agit de "SMS" (mais vraiment, baissez la lunette des toilettes... vous ne rendez service à personne). C'est l'application que vous utiliserez chaque fois que vous voudrez envoyer des photos de chats.

- **Play Store**: Tout ce qui contient le mot "Play" dans le titre doit être amusant, non ? ! Cette application est ce que vous utiliserez pour télécharger toutes ces applications amusantes dont vous entendez toujours parler.
- **Chrome**: Chaque fois que vous voulez surfer sur Internetvous utiliserez Chrome. Il existe en fait plusieurs applications qui font la même chose, comme Firefox et Opera, mais je recommande Chrome jusqu'à ce que vous soyez à l'aise avec votre téléphone. Personnellement, je pense que c'est la meilleure application pour la recherche sur Internet, mais vous apprendrez vite que la plupart des choses sur le téléphone sont une question de préférence, et vous trouverez peut-être un autre navigateur Internet qui répond mieux à vos besoins.
- **Appareil photo**: Cette application ouvre des photos d'appareils photo vintage... je plaisante ! C'est comme ça que vous prenez des photos sur votre téléphone. Vous utilisez cette même application pour les vidéos également.

Après la barre de raccourcis, la zone que vous utiliserez le plus est la barre de notification. C'est là que vous recevrez, vous l'avez deviné, des notifications ! Qu'est-ce qu'une notification ? Il s'agit de tout type d'avis que vous avez choisi de recevoir. Quelques exemples : les alertes par SMS, les alertes par e-mail, les alertes ambre et les applications qui ont des mises à jour.

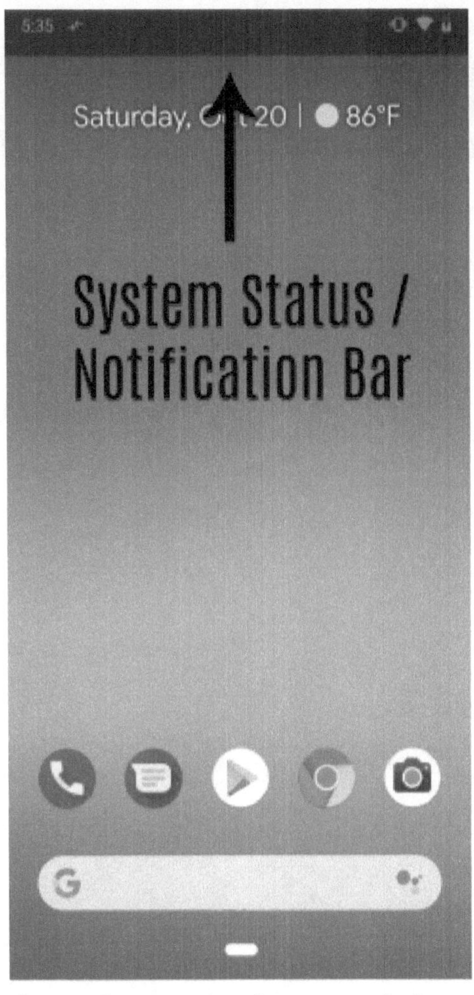

Lorsque vous faites glisser votre doigt vers le bas de la barre de notification, vous obtenez une liste de plusieurs paramètres que vous pouvez régler. Si vous appuyez longuement sur l'une de ces options, vous ouvrirez une application offrant encore plus d'options.

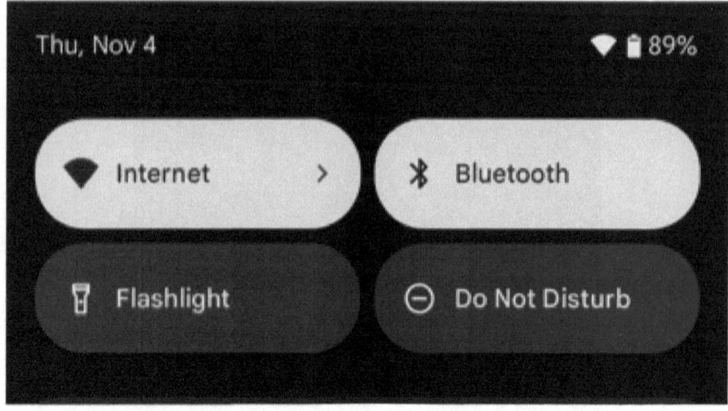

De droite à gauche, voici les options que vous pouvez modifier ou utiliser :

- Wi-fi
- Bluetooth
- Ne pas déranger
- Lampe de poche

Si vous continuez à glisser vers le bas, ce menu fin s'étend et il y a quelques options supplémentaires.

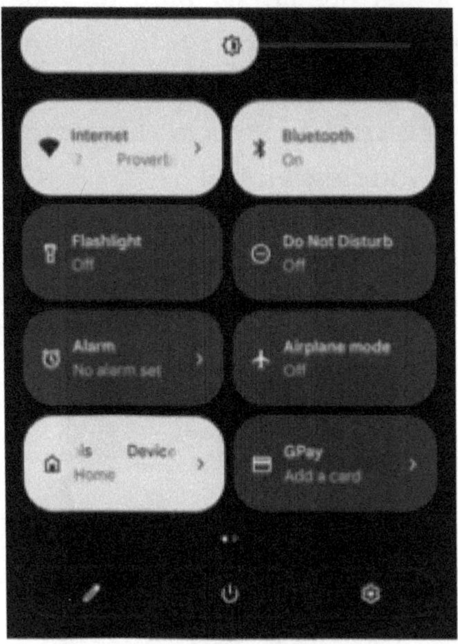

La première se trouve en haut de l'écran : il s'agit du curseur, qui permet d'éclaircir ou d'assombrir votre appareil en fonction de la direction dans laquelle vous le faites glisser.

Vous pouvez faire glisser votre doigt pour voir plus d'options :

- Auto-Rotate - Verrouille (déverrouille) la rotation de l'appareil.
- Économiseur de batterie - Place l'appareil en mode basse énergie pour une plus grande autonomie, mais une puissance de traitement moins importante.
- Screen cast (diffusion d'écran) : permet de diffuser l'écran sur un autre appareil, comme un Google TV.
- Enregistrement d'écran - Auparavant, l'enregistrement d'écran nécessitait une application spéciale ; Android 11 a introduit l'enregistrement natif. Vous pouvez donc enregistrer ce que vous faites sur votre écran et le partager avec quelqu'un d'autre. C'est idéal pour les tutoriels vidéo. Vous pouvez également

utiliser le microphone de votre téléphone pour faire une narration avec votre voix.

- Partage à proximité
- Désactiver la caméra / le micro - Désactivez rapidement votre caméra ou votre micro.

En bas, à gauche, se trouve un petit bouton d'édition en forme de crayon. Il vous permet de réorganiser les options affichées.

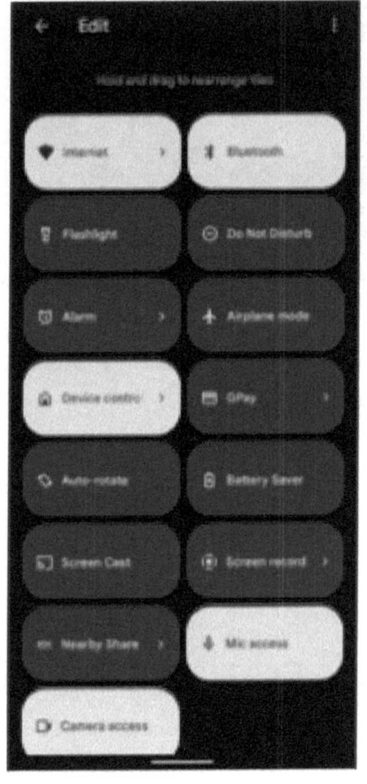

Faites défiler un peu plus et vous verrez encore plus de paramètres rapides que vous pouvez ajouter à la barre de notification. Parmi eux :

- **Données** - En appuyant sur ce bouton, vous activez et désactivez vos données, ce qui est pratique si vous êtes à court de données et que vous ne voulez pas être facturé en plus.

- **Éclairage de nuit** - Il s'agit d'un mode spécial qui réduit l'intensité de l'écran et le rend adapté à la lecture dans des environnements sombres.
- **Batterie Partager** - lorsque vous appuyez sur cette touche, vous pouvez utiliser votre appareil comme un chargeur sans fil. Qu'est-ce que cela signifie ? Disons que votre ami a un iPhone avec chargeur sans fil et que sa batterie est presque vide. Vous pouvez appuyer sur cette touche, puis tenir son téléphone contre le vôtre et partager votre batterie sans fil avec lui.

Un autre aspect intéressant de cette zone de notification est la possibilité de consulter l'historique des notifications.

Si vous recevez beaucoup de notifications, vous avez probablement rejeté accidentellement quelque chose que vous ne vouliez pas. Maintenant, vous pouvez voir ce que c'était.

Pour l'utiliser, allez en bas de toutes vos notifications, puis sélectionnez "Gérer".

À partir de là, activez l'option "Utiliser l'historique des notifications".

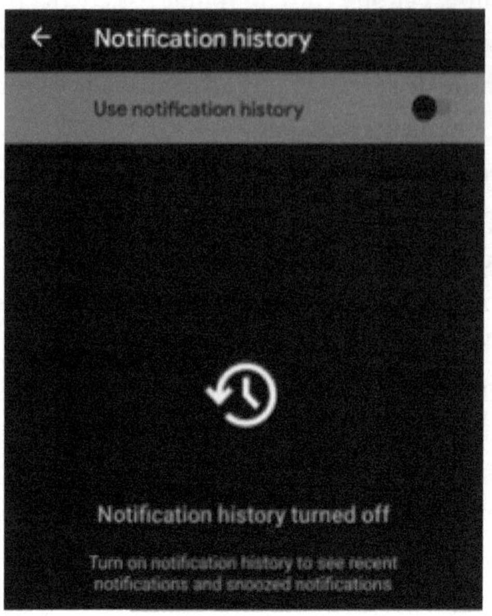

Maintenant, lorsque vous retournez dans cette même zone, "Gérer" est remplacé par "Historique".

Vous vous sentez sans domicile ?

Vous avez peut-être remarqué l'absence d'un élément qui semble important sur votre téléphone : un bouton Home. Sur les anciens téléphones, il s'agissait d'un bouton essentiel qui vous permettait d'accéder à l'écran d'accueil dès que vous l'enfonciez.

Comment diable peut-on rentrer chez soi sans bouton d'accueil ? ! Facile. Vous êtes prêt ? Glissez vers le haut. C'est ça !

Si vous avez utilisé un appareil Apple, vous connaissez peut-être une chose ou deux sur Siri. C'est l'assistant qui fonctionne "parfois" ; Google a sa propre version de Siri et elle s'appelle Google Assistant. Les noms ne sont pas tout à fait aussi créatifs que Siri, mais beaucoup disent qu'il fonctionne mieux. Je vous laisse en juger par vous-même.

Pour accéder à l'Assistant Google de n'importe où, il suffit de dire "Ok, Google". Si vous êtes sur l'écran d'accueil, il y a également un widget Google Assistant. Cette petite barre ne se contente pas de prendre des rendez-vous et d'obtenir des informations : c'est aussi un outil de recherche global. Qu'est-ce que cela signifie ? Cela signifie que vous pouvez taper tout ce que vous voulez savoir, et il cherchera à la fois sur Internet et sur votre téléphone. S'il s'agit d'un contact dans votre téléphone, il vous le donnera. Mais s'il s'agit des heures d'ouverture du Musée de l'Étrange, la recherche s'effectuera sur Internet - elle vous donnera également un plan de situation et le numéro de téléphone.

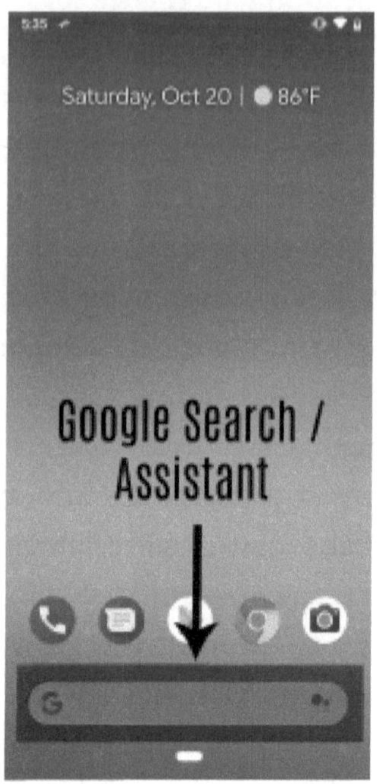

Déplacez-vous sur votre téléphone Pixel

Lorsqu'il s'agit de se déplacer dans votre Pixel, apprendre à utiliser les gestes sera la méthode la plus rapide et la plus efficace. Vous pouvez modifier certaines des options des gestes en allant dans l'application Réglages puis Système > Gestes > Navigation du système.

Le geste le plus important consiste à revenir à l'écran d'accueil, car il n'y a pas de boutons après tout. C'est le plus facile à retenir : faites glisser vers le haut depuis le bas de l'écran.

Lorsque vous êtes sur une page Internet vous pouvez glisser du bord gauche ou droit de l'écran vers l'avant ou l'arrière.

Pour sélectionner du texte, appuyez et maintenez votre doigt sur le texte, puis levez votre doigt lorsqu'il répond.

Multitâche

Ce sont les gestes les plus faciles à mémoriser ; toutefois, si vous voulez vous déplacer rapidement, vous devez connaître les deux grands gestes multitâches, qui vous permettent de passer d'une application à l'autre.

La première consiste à afficher vos applications ouvertes. Pour ce faire, faites glisser votre doigt vers le haut comme si vous alliez vers l'écran d'accueil, mais continuez jusqu'au milieu de l'écran, puis arrêtez et levez votre doigt - ne faites pas un geste rapide de glissement vers le haut comme pour aller à l'accueil. Vous verrez alors apparaître des aperçus de toutes vos applications ouvertes, et vous pourrez glisser entre elles. Touchez celle que vous voulez ouvrir.

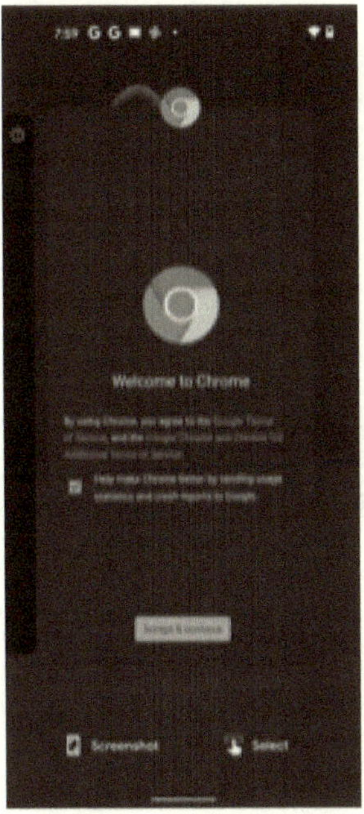

Cependant, le moyen le plus rapide de passer d'une application à l'autre est de glisser de gauche à droite le long du bord inférieur de l'écran. Vous passez ainsi d'une application à l'autre dans l'ordre où vous les avez utilisées.

Zoom

Vous voulez voir le texte en plus grand ? Il y a deux façons de le faire. Remarque : cela fonctionne sur de nombreuses applications, mais pas toutes.

La première façon est de pincer pour zoomer.

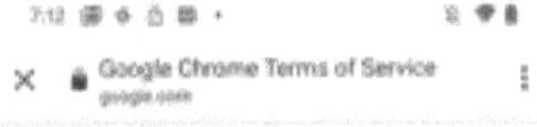

·r with the Additic
: between you an
es. It is importan·
Collectively, this l·
s".

etween what the
al Terms say, ther·
elation to that Se

La deuxième méthode consiste à double-taper sur le texte.

Rotation

Vous avez probablement remarqué que si vous faites pivoter votre téléphone, l'écran pivote également. Et si vous ne voulez pas faire pivoter l'ensemble de l'écran ? Vous pouvez désactiver cette fonction très facilement. Balayez vers le bas, puis appuyez sur le bouton "flèches" pour l'activer ou le désactiver.

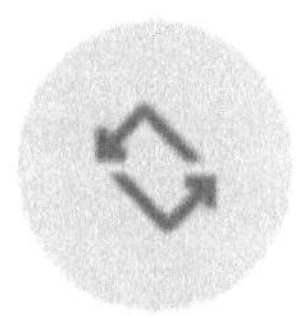

[3]

L'aperçu ridiculement simple de toutes les choses que vous devez savoir

Ce chapitre couvre :

- Personnalisation des écrans
- Écrans partagés
- Gestes

Faire de jolis écrans

Si vous avez déjà utilisé un iPhone ou un iPad, vous avez peut-être remarqué que l'écran est un peu... nu. Il n'y a littéralement rien dessus. Peut-être aimez-vous cela ? Si c'est le cas, tant mieux pour vous ! Passez à autre chose. Si vous voulez décorer cet écran avec des raccourcis et des widgets, lisez la suite. Depuis qu'Android 12 a fait en sorte que les choses vous concernent plus que jamais, préparez-vous à avoir plus de contrôle que jamais !

Ajout de raccourcis

Si vous souhaitez placer une application sur cet écran, il vous suffit de la trouver, puis d'appuyer et de maintenir la pression. Lorsqu'un menu s'affiche, faites-la glisser vers le haut jusqu'à ce que l'écran apparaisse et déplacez-la là où vous le souhaitez. Vous pouvez également la faire glisser vers de nouveaux écrans.

Pour supprimer une application d'un écran, touchez-la et maintenez-la enfoncée, puis faites-la glisser vers le haut jusqu'au texte "Supprimer" qui apparaît lorsque vous la déplacez vers le haut. Quand elle est là, lâchez-la.

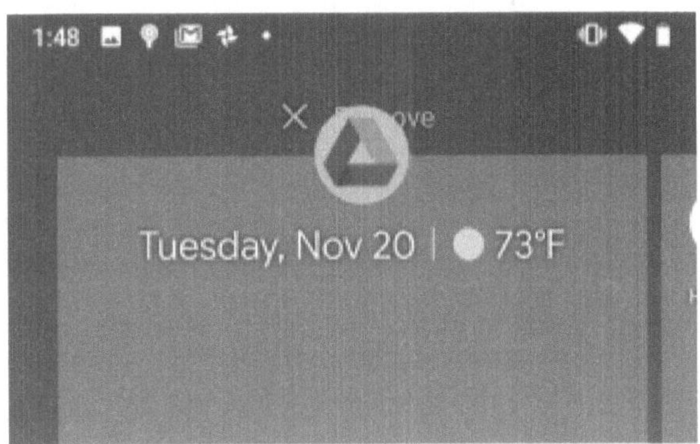

Widgets

Raccourcis sont sympathiques, mais les widgets sont meilleurs. Les widgets sont en quelque sorte des mini-programmes qui s'exécutent sur votre écran. Un widget que les gens placent souvent sur leur écran est la prévision météorologique. Tout au long de la journée, le widget se met automatiquement à jour avec des informations actualisées.

Pour ajouter un widget, allez sur l'écran auquel vous voulez l'ajouter et touchez longuement jusqu'à ce que le menu apparaisse.

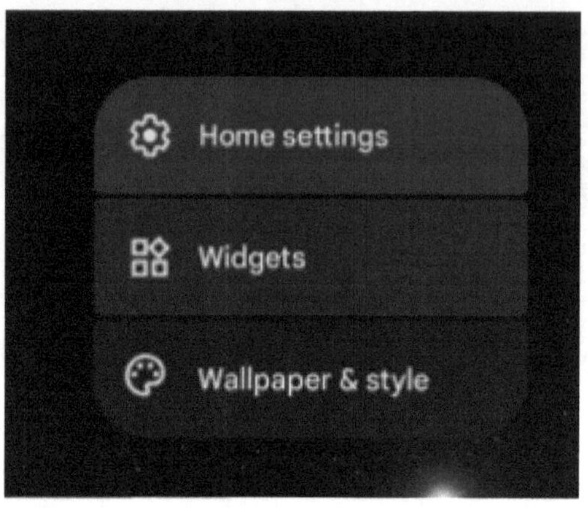

Sélectionnez "Widgets." Cela ouvre une bibliothèque de widgets - c'est comme un mini magasin d'applications.

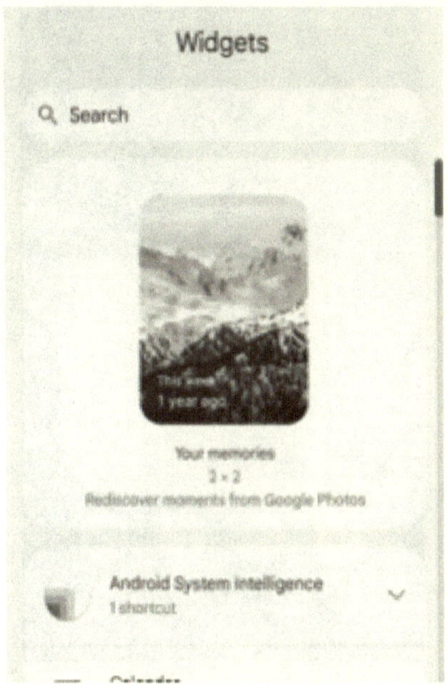

Lorsque vous en trouvez une que vous voulez ajouter, touchez-la et maintenez-la enfoncée, puis faites-la glisser vers l'écran auquel vous voulez l'ajouter.

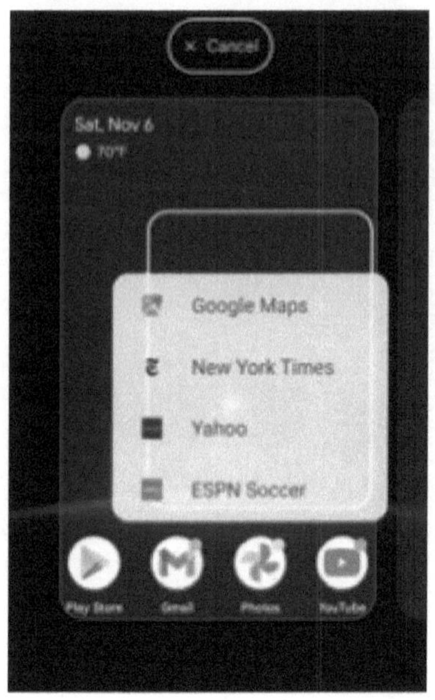

Widgets existent dans toutes sortes de formes et de tailles, mais la plupart d'entre eux peuvent être redimensionnés. Pour les redimensionner, touchez-les et maintenez-les enfoncés. Si vous voyez des petits cercles, vous pouvez les toucher et les faire glisser pour les agrandir ou les réduire.

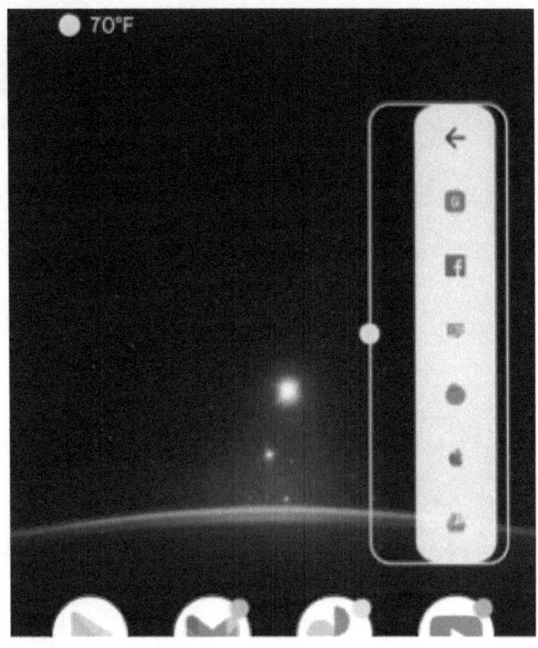

Vous supprimez les widgets de la même manière que vous supprimez les raccourcis. Tapez et maintenez, puis faites-le glisser vers le haut pour le supprimer.

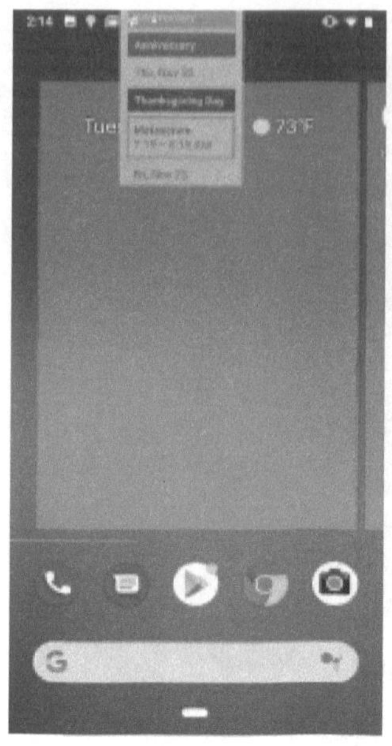

Papier peint

L'ajout d'un papier peint à votre écran se fait de la même manière. Touchez et maintenez votre doigt sur l'écran d'accueil, lorsque le menu s'affiche, sélectionnez " Papier peint"au lieu de "Widgets." Certaines des options sont même mobiles, de sorte que le fond d'écran présente toujours quelque chose qui se déplace sur votre écran - c'est comme un film en mouvement lent.

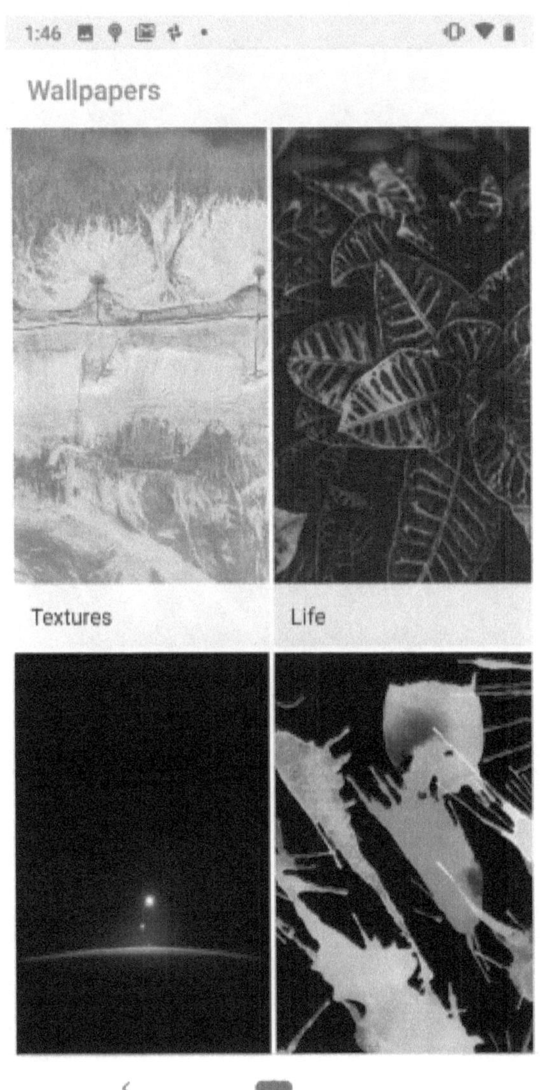

Lorsque vous avez ouvert un fond d'écran que vous souhaitez ajouter, il vous suffit d'appuyer sur le bouton "Définir le fond d'écran"dans le coin supérieur droit.

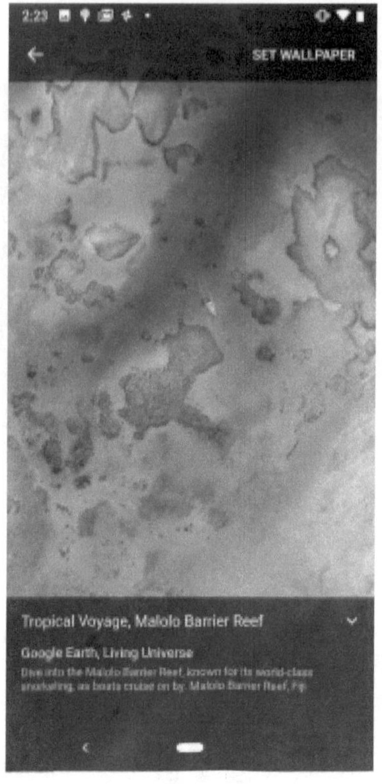

Vous pouvez également modifier le style de votre téléphone, par exemple les couleurs.

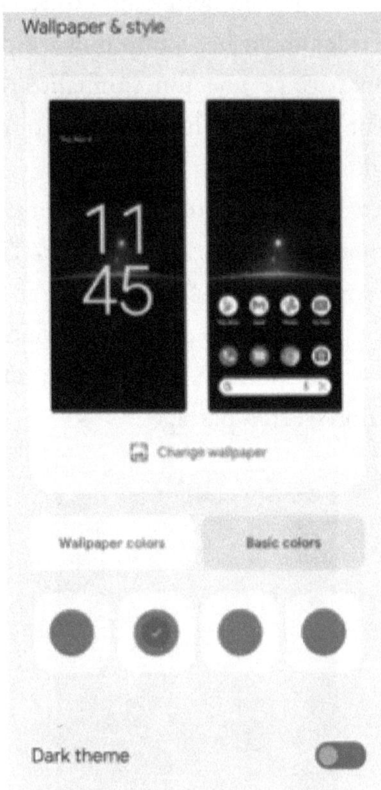

Un mot, ou deux, sur les menus

Il est assez intuitif que si vous tapez sur une icône, l'application s'ouvre. Ce qui n'est pas aussi évident, c'est que si vous appuyez sur l'icône et la maintenez enfoncée, d'autres options s'offrent à vous. Chaque application est différente. En général, il s'agit de raccourcis : en tapant et en maintenant le doigt sur l'icône du téléphone, par exemple, vous accédez à vos applications favorites ; en faisant la même chose sur l'appareil photo, vous accédez à un raccourci du mode selfie. Appuyez et maintenez le doigt sur vos applications préférées pour voir quels raccourcis sont disponibles.

Ecrans de crachat

Le téléphone Pixel existe en deux tailles différentes ; le plus grand écran vous donne évidemment beaucoup plus d'espace, ce qui fait des applications à écran partagé une fonctionnalité assez pratique. Elle fonctionne également sur le Pixel plus petit, bien qu'elle ne soit pas aussi efficace sur l'écran plus petit.

Pour utiliser cette fonction, faites glisser le curseur vers le haut pour faire apparaître le multitâche ; ensuite, touchez l'icône au-dessus de la fenêtre que vous souhaitez transformer en écran partagé (remarque : cette fonction n'est pas prise en charge par toutes les applications) ; si l'écran partagé est disponible, vous verrez apparaître un menu comportant une option d'écran partagé.

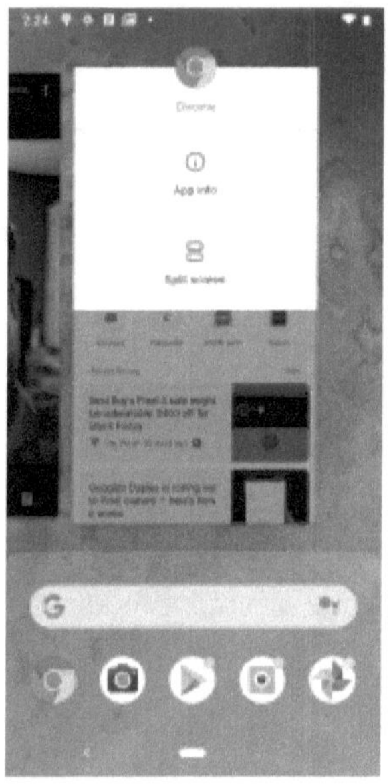

Une fois que vous avez appuyé sur "écran partagé", vous pouvez glisser vers la gauche et la droite pour trouver l'application avec laquelle vous voulez partager l'écran. Appuyez sur celle que vous voulez.

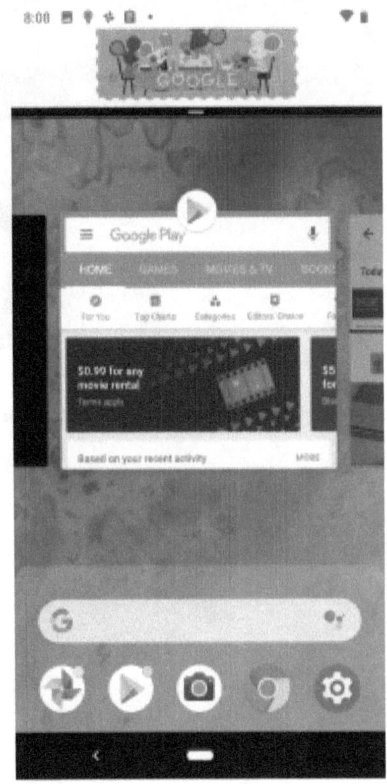

Votre écran est maintenant divisé en deux.

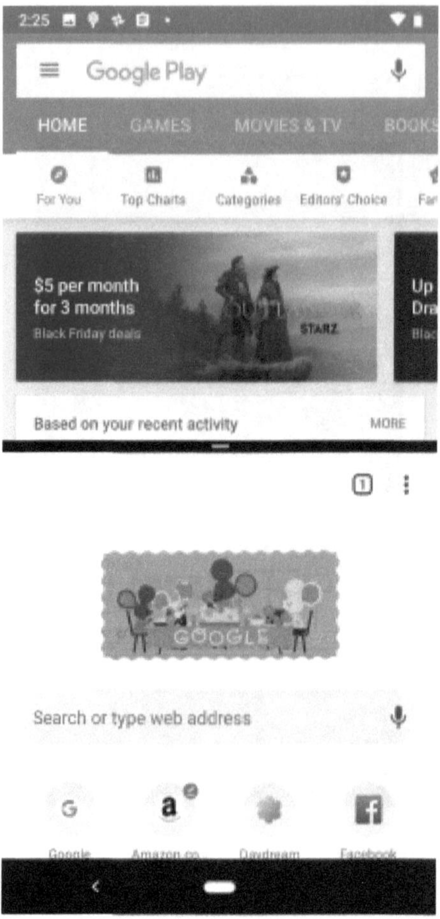

La fine barre noire au milieu est réglable ; vous pouvez la déplacer vers le haut ou vers le bas pour que l'une des applications ait plus de surface d'écran.

Pour quitter ce mode, faites glisser la barre noire vers le haut ou vers le bas jusqu'à ce que l'une des applications disparaisse complètement.

Gestes

Sauter à la caméra

Appuyez deux fois sur le bouton d'alimentation pour passer rapidement à l'appareil photo.

Caméra Flip

Passez en mode selfie lorsque vous êtes dans l'appareil photo en faisant une double rotation du téléphone.

Double-tap

Si votre téléphone est en veille, appuyez deux fois sur l'écran et l'heure et les notifications s'afficheront.

Google Assistant

L'Assistant Google peut être déclenché en disant "Hey, Google". En ce qui concerne les gestes, il y a une nouvelle façon de faire : glisser depuis le coin inférieur droit ou gauche.

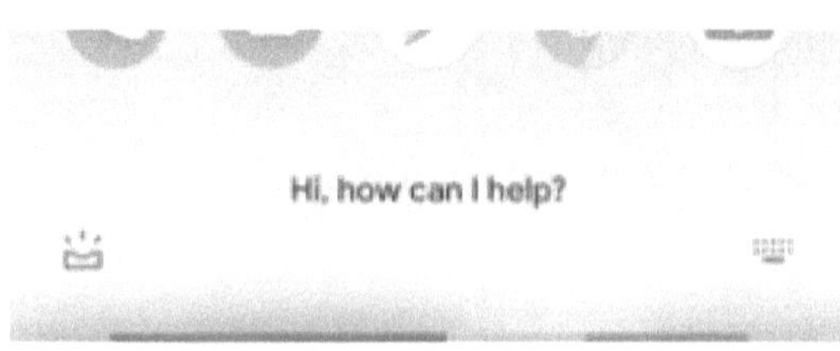

[4]

L'essentiel... et rester ridiculement simple

Ce chapitre couvre :

- Passer des appels
- Envoi de messages
- Trouver et télécharger des applications
- Itinéraire

Maintenant que vous avez configuré votre téléphone et que vous connaissez le fonctionnement de l'appareil dans ses moindres détails, passons en revue les applications que vous utiliserez le plus et qui se trouvent actuellement dans votre barre de raccourcis ou de favoris :

- Téléphone
- Messages
- Google Play Store
- Chrome

Vous avez remarqué que l'appareil photo ne figure pas sur cette liste ? Il y a beaucoup de choses à couvrir avec Camera, donc je le ferai dans un chapitre séparé.

Avant d'entrer dans le vif du sujet, il y a quelque chose que vous devez savoir : comment ouvrir les applications qui ne sont pas sur votre barre favorite. C'est simple. Depuis votre écran d'accueil, faites glisser vers le haut depuis le bas. Vous remarquez le menu qui s'affiche ? C'est là que se trouvent toutes les applications supplémentaires.

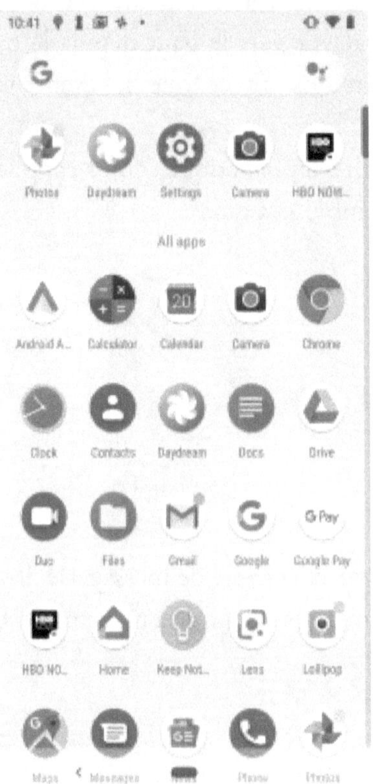

Passer des appels

Alors... qui vas-tu appeler ? S.O.S. Fantômes ?!

Vous seriez la personne la plus géniale du monde si S.O.S. Fantômes figurait dans les contacts de votre téléphone ! Mais avant de pouvoir trouver ce numéro dans vos contacts, il serait probablement utile de savoir comment ajouter un contact, trouver un contact, modifier un contact et placer des contacts dans des groupes, n'est-ce pas ? Donc, avant de passer aux appels, nous allons faire des pas de bébé et couvrir les contacts.

Contacts

Alors, ouvrons l'application Contacts pour commencer. Vous la voyez ? Pas sur ton bar préféré, hein ? Alors où est-elle ? C'est pourquoi je vous ai montré plus tôt comment accéder à des applications supplémentaires. Balayez vers le haut depuis le bas de votre écran et continuez à le faire jusqu'à ce que le menu apparaisse dans son intégralité.

C'est dans l'ordre alphabétique, donc l'application Contacts est dans les C. Ça ressemble à ça :

Contacts

Si vous avez ajouté votre compte de messagerie, il y a de fortes chances que de nombreux contacts soient déjà répertoriés. Des centaines !

Vous pouvez soit faire défiler lentement, soit vous diriger vers le côté droit de l'application et faire défiler - ce qui vous permet de faire défiler rapidement par lettres. Il suffit de faire glisser votre doigt jusqu'à ce que vous voyiez la lettre du contact que vous voulez, puis de vous arrêter.

Mais je m'avance un peu ! Avant de pouvoir faire défiler, il serait bon de savoir comment ajouter un contact pour qu'il y ait des personnes à faire défiler. Pour ajouter un contact, appuyez sur le signe plus bleu.

L'ajout d'une personne ressemble plus à une candidature à un emploi qu'à l'ajout d'un contact. Il y a des rangées et des rangées de champs !

First name

Last name

Company

Phone

Mobile

Email

Home

More fields

Au cas où vous ne seriez pas submergé par tous les champs, vous pouvez appuyer sur d'autres champs et en obtenir encore plus !

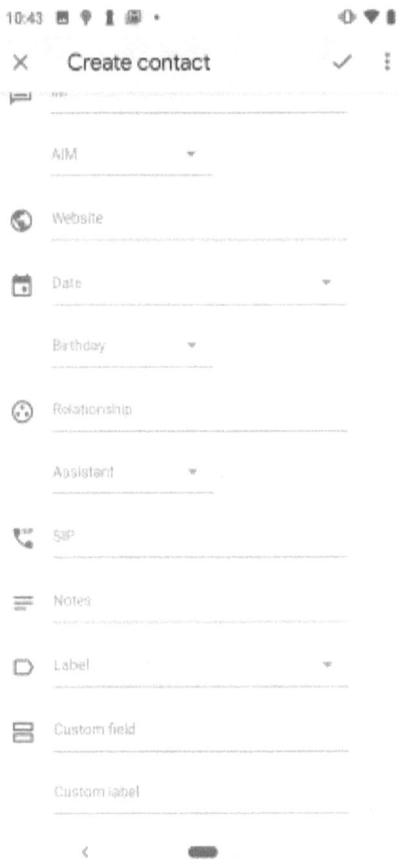

Cela ne suffit pas ? Google vous couvre car vous pouvez ajouter un champ personnalisé !

Voici la chose la plus importante que vous devez savoir : les champs sont facultatifs ! Vous pouvez ajouter un nom et une adresse électronique et c'est tout. Vous n'êtes même pas obligé d'ajouter leur numéro de téléphone. Si vous souhaitez les appeler, cela vous sera certainement utile.

Si vous avez du mal à vous souvenir de l'identité des personnes, vous pouvez également prendre une photo ou ajouter une photo que vous avez déjà. C'est pratique si vous avez huit enfants et que vous ne vous souvenez pas si Joey est celui qui a les cheveux blonds ou roux.

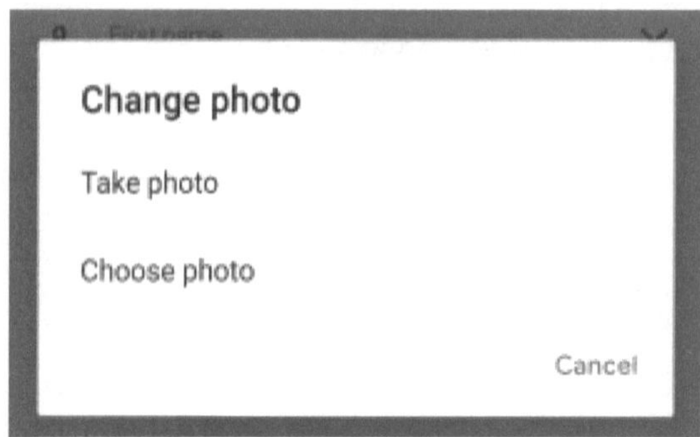

Une fois que vous avez terminé, appuyez sur la case à cocher. Cela permet de l'enregistrer. Si vous décidez de ne pas ajouter de contact, appuyez sur le X. Cela fermera la fenêtre sans l'enregistrer.

Modifier un contact

Si vous ajoutez une adresse électronique et décidez plus tard d'ajouter un numéro de téléphone, ou si vous voulez modifier quoi que ce soit d'autre, il vous suffit de trouver le nom dans vos contacts et de l'effleurer une fois. Cela fait apparaître toutes les informations que vous avez déjà ajoutées.

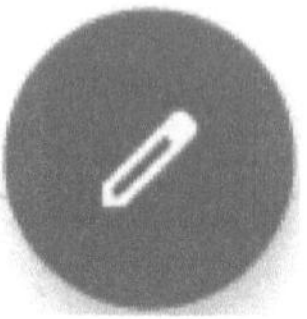

Allez dans le coin inférieur et appuyez sur le bouton crayon. Le contact est alors modifiable. Allez dans le champ souhaité et mettez-le à jour. Lorsque vous avez terminé, appuyez sur la case à cocher dans le coin supérieur droit.

Partager un contact

Si vous avez votre téléphone assez longtemps, quelqu'un vous demandera le numéro de téléphone d'untel ou d'untel. L'ancienne méthode consistait à l'écrire. Mais vous avez un smartphone, donc vous n'êtes pas vieux jeu !

La nouvelle façon de partager un numéro est de trouver la personne dans vos contacts, d'appuyer sur son nom, puis d'appuyer sur ces trois points dans le coin supérieur droit de votre écran. Un menu s'affiche alors.

Delete

Share

Add to Home screen

Set ringtone

Route to voicemail

Help & feedback

Plusieurs options s'offrent à vous, mais celle qui vous intéresse est "Partager". À partir de là, vous avez plusieurs possibilités, mais la plus simple est d'envoyer le contact par SMS ou par e-mail à votre ami. Cela lui envoie une carte de contact. Si vous avez d'autres informations sur ce contact (comme une adresse électronique), elles seront également envoyées.

Supprimer le contact

Il existe quelques autres options dans le menu que je viens de vous montrer. Si vous décidez qu'une personne est morte pour vous et que vous ne voulez plus jamais la contacter, vous pouvez retourner dans ce menu et appuyer sur "Supprimer". Vous effacez ainsi la personne de votre téléphone, mais pas de votre vie.

Organisez-vous

Si vous commencez à avoir beaucoup de contacts, il vous faudra plus de temps pour trouver quelqu'un. Les étiquettes sont utiles. Vous pouvez ajouter une étiquette pour "Famille" par exemple, et y placer tous les membres de votre famille.

Lorsque vous ouvrez vos contacts et que vous appuyez sur ces trois lignes dans le coin supérieur gauche, vous verrez un menu. C'est là que vous verrez vos étiquettes. Avec les étiquettes, vous pouvez sauter directement dans cette liste et trouver le contact dont vous avez besoin.

Contacts 393

Suggestions

Labels

Family

listser

quiet, please

wedding list

YouTube

+ Create label

Settings

Help & feedback

Privacy Policy • Terms of Service

Vous pouvez également envoyer un courriel ou un message texte à l'ensemble du groupe contenu dans l'étiquette. Par exemple, si votre enfant fête ses 2 ans et que vous souhaitez rappeler à tous les membres de votre contact "Famille" de ne pas venir, tapez sur cette étiquette, puis sur les trois points dans le coin supérieur droit. Un menu d'options s'affiche alors.

Send email

Send message

Remove contacts

Rename label

Delete label

À partir de là, il suffit d'appuyer sur envoyer un courriel ou un message.

Mais que faire si vous n'avez pas d'étiquettes ? Ou si vous voulez ajouter des personnes à une étiquette ? C'est simple. Vous vous souvenez de cette longue application que vous utilisiez pour ajouter un contact ? L'un des champs s'appelait "Étiquettes". Vous devez tapoter davantage pour le voir. Il se trouve tout en bas. C'est l'un des derniers champs, en fait.

Notes

Label

Add custom field

Si vous n'avez jamais ajouté d'étiquette ou si vous souhaitez en ajouter une nouvelle, il vous suffit de commencer à taper. Si vous souhaitez utiliser une autre étiquette, appuyez sur la flèche et sélectionnez-la.

Lorsque vous avez terminé, n'oubliez pas d'appuyer sur "Enregistrer".

Supprimer l'étiquette

Si vous décidez de ne plus avoir d'étiquette, il suffit d'aller dans le menu que je vous ai montré ci-dessus - le menu latéral, puis les trois points. De là, appuyez sur le bouton "Supprimer l'étiquette".

S'il n'y a qu'une seule personne que vous voulez supprimer de l'étiquette, appuyez sur elle et allez dans l'étiquette pour la supprimer.

Passer des appels

Voilà qui conclut notre excursion dans l'application Contacts. Nous pouvons maintenant retourner à nos appels téléphoniques aux S.O.S. Fantômes.

Vous pouvez passer un appel en ouvrant l'application Contacts, puis en sélectionnant le contact, et enfin en appuyant sur son numéro de téléphone. Vous pouvez également appuyer sur le bouton Téléphone de votre écran d'accueil ou de votre barre de favoris.

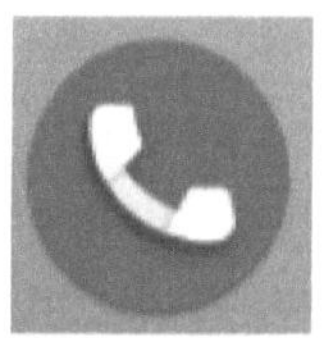

Plusieurs options s'offrent à vous lorsque vous ouvrez cette application. Parlons de chacune d'entre elles.

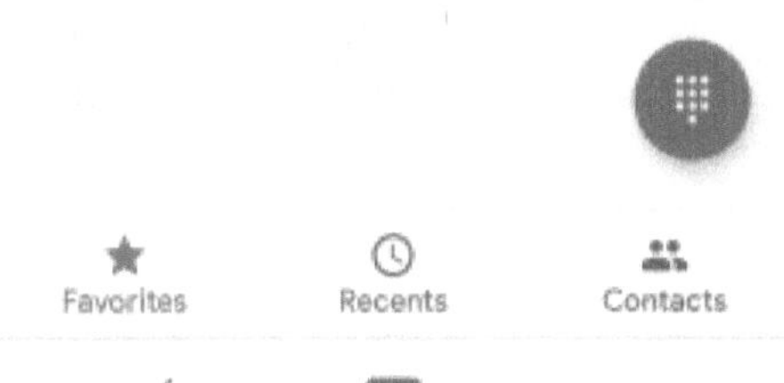

L'onglet Favoris se trouve à l'extrême gauche. Si vous appuyez dessus, vous verrez vos contacts favoris. Si vous n'en avez pas ajouté, cet onglet est vide. Si vous voulez faire de quelqu'un votre favori, appuyez sur cette personne dans vos contacts, puis sur l'étoile en haut à côté de son nom. Une fois que vous aurez fait cela, il apparaîtra automatiquement ici.

Au milieu se trouve l'onglet Récents. Si vous avez passé des appels, ils apparaîtront ici.

La dernière option est Contacts, qui ouvre une version de l'application Contacts qui se trouve dans l'application Téléphone.

Le bouton de numérotation se trouve également à droite.

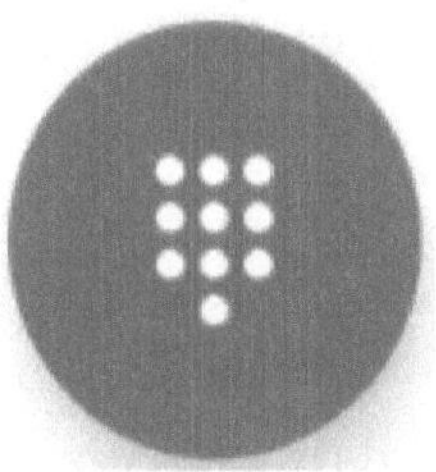

Si vous voulez appeler quelqu'un à l'ancienne en tapant des chiffres, tapez sur ceci.

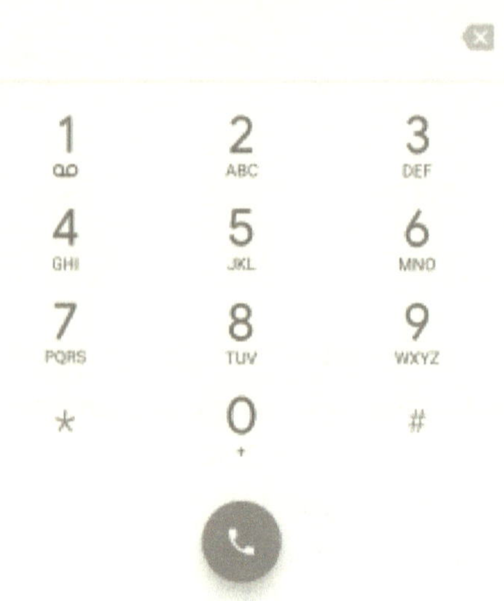

Lorsque vous avez terminé l'appel, appuyez sur le bouton "End" de votre téléphone.

Répondre et décliner les appels

Que faites-vous lorsque quelqu'un vous appelle ? Je l'ignore probablement parce que c'est un télévendeur !

Il est cependant facile d'accepter un appel. Lorsque le téléphone sonne, le numéro s'affiche et si la personne figure dans votre répertoire, son nom s'affiche également. Pour répondre, faites glisser le bouton "répondre". Pour refuser, faites glisser le "refuser".

Jouer à Angry Birds tout en parlant à Angry Mom

Que faire si vous êtes au téléphone avec votre mère et qu'elle se plaint de quelque chose, mais que vous ne voulez pas être impoli et raccrocher ? C'est facile. Tu fais du multitâche ! Cela signifie que tu peux jouer à Angry Birds tout en parlant !

Pour faire du multitâche, il suffit de glisser vers le haut depuis le bas de votre téléphone et d'ouvrir l'application dans laquelle vous voulez travailler pendant que vous parlez. L'appel s'affiche dans la zone de notification. Touchez-le pour revenir à l'appel.

Direct My Call

Direct My Call est apparu en 2021 comme un moyen de vous aider à naviguer rapidement dans les menus automatisés. L'IA du Pixel 7 est capable de détecter les menus et de mettre un menu d'appel sur votre écran, ce qui facilite l'accès à l'endroit où vous voulez aller avant que la voix en ligne ne le dise. C'est une fonctionnalité qui s'améliorera au fil du temps, donc elle peut ne pas fonctionner comme prévu au début.

Pour l'utiliser, ouvrez l'application Téléphone, puis appuyez sur l'icône de menu à trois points dans le coin supérieur et sélectionnez "Paramètres". Allez à "Direct My Call" et activez-la.

Hold For Me

Google Assistant est devenu littéralement votre assistant. C'est particulièrement vrai pour les appels téléphoniques. Avez-vous déjà été en attente pendant trop longtemps ? L'assistant Google connaît votre douleur et est prêt à attendre pour vous ! Il vous prévient lorsqu'il détecte qu'un humain a décroché. Pour l'utiliser, ouvrez l'application Téléphone, appuyez sur le menu à trois points dans le coin supérieur droit, puis sélectionnez "Paramètres." Enfin, appuyez sur "Tenir pour moi".

Ne soyez pas un spammeur

Personne n'aime cet appel qui vous demande si vous voulez acheter quelque chose. Google peut vous aider à filtrer vos appels et à vous débarrasser des spams. Pour l'activer, allez dans l'application Téléphone, appuyez sur les trois points dans le coin supérieur droit, puis sur Paramètres. Allez dans "Filtre des spams et des appels". Appuyez sur le bouton à côté de "Voir l'identification de l'appelant et du spam".

Messages

Maintenant que vous savez comment fonctionnent Contacts et Téléphone, la messagerie sera comme une seconde nature. Ils partagent de nombreuses propriétés identiques.

Ouvrons l'application Messages (elle se trouve dans votre barre de favoris).

Créer / envoyer un message

Lorsque vous avez sélectionné le ou les contacts à qui envoyer un message, appuyez sur Composer. Vous pouvez également saisir manuellement le numéro dans le champ de texte.

Vous pouvez ajouter plus d'un contact - c'est ce qu'on appelle un texte de groupe.

Utilisez le champ de texte pour rédiger votre message. Si vous souhaitez ajouter quelque chose d'original à votre message (comme des photos ou des gifs), appuyez sur le signe plus. Cela fait apparaître un menu avec plus d'options.

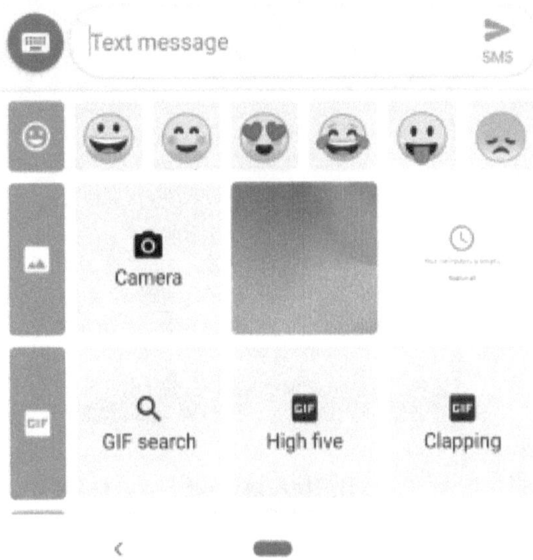

Lorsque vous êtes prêt à envoyer votre message, appuyez sur la flèche sous laquelle se trouve le SMS.

Afficher le message

Lorsque vous recevez un message, votre téléphone vibre, gazouille ou ne fait rien - tout dépend de la façon dont vous avez configuré votre téléphone. Pour afficher le message, vous pouvez soit ouvrir l'application, soit glisser vers le bas pour voir vos notifications, l'une d'entre elles étant le message texte.

Conversations

Google a fait de gros progrès dans Android 11 pour simplifier et faciliter la réponse aux messages.

Les conversations en sont un exemple. Lorsque vous recevez un message (texte, message Facebook, message Twitter, etc.), vous le verrez dans votre zone de notification en glissant vers le bas depuis le haut.

L'ancienne méthode consistait à cliquer sur le message pour y répondre. Maintenant, vous pouvez voir le message, définir le niveau de priorité et répondre directement à partir de cette zone.

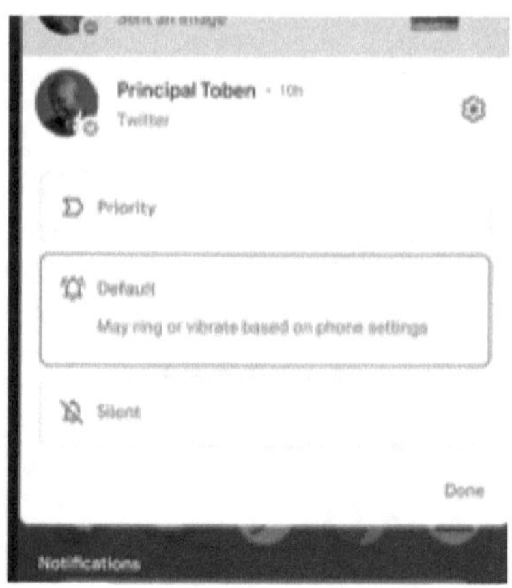

Bulles de chat

Un autre domaine dans lequel vous verrez Android 11 rationaliser l'approche des messages est celui des bulles de conversation. Les bulles de conversation apparaîtront sur le côté de l'application dans laquelle vous travaillez, afin que vous puissiez répondre sans fermer l'application. Comme leur nom l'indique, il s'agit de petites bulles sur le côté de votre écran.

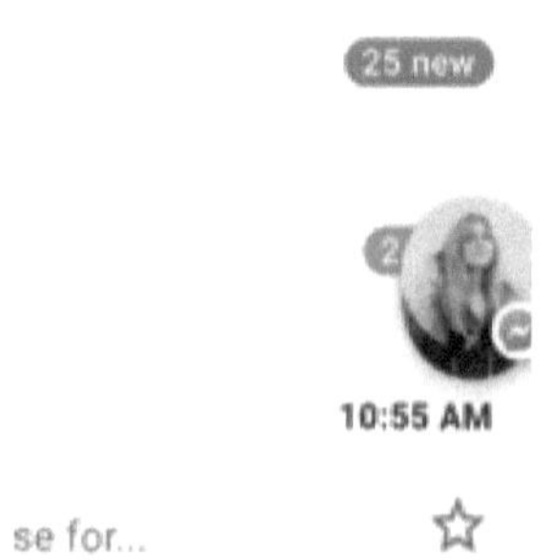

Si vous n'aimez pas cette fonction, vous pouvez la désactiver en allant dans l'application Réglages puis Apps & Notifications> Notifications > Bulles.

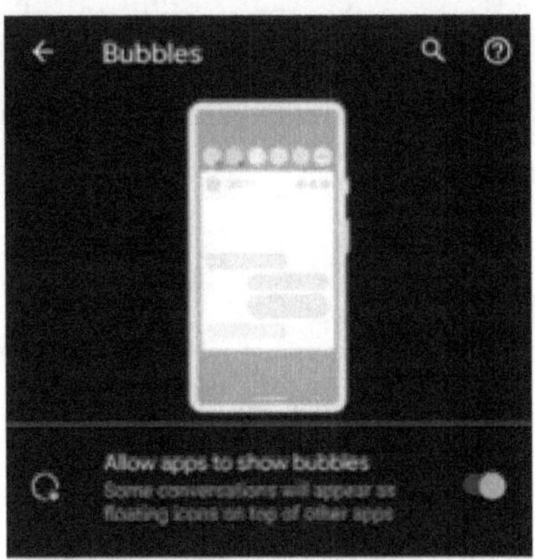

Réponse intelligente

Si vous êtes un utilisateur de Gmail, vous avez probablement commencé à voir des réponses intelligentes dans vos e-mails. La réponse intelligente utilise un moteur informatique pour reconnaître ce que vous allez taper ensuite et faire une suggestion.

Smart Reply fonctionne de manière si surprenante que vous pourriez en avoir un peu peur, comme si une personne se trouvait à l'autre bout de l'écran pour lire vos messages ! Ce n'est pas le cas. Il s'agit d'intelligence artificielle. Mais si vous trouvez toujours la fonction effrayante ou ennuyeuse, vous pouvez aller dans l'application Paramètres, puis rechercher Smart Reply. puis rechercher Smart Reply. Sous la rubrique Suggestions dans le chat, vous verrez un bouton d'activation/désactivation de la fonction.

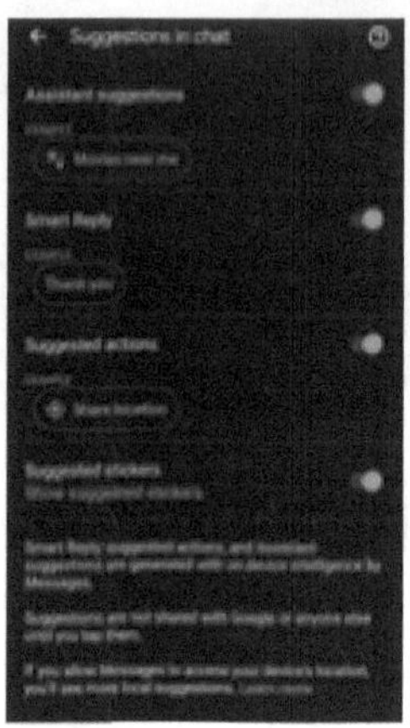

Il y a une application pour ça ?

J'ai mentionné plus tôt que vous pouviez jouer à Angry Birds tout en parlant à votre mère en colère au téléphone. Ça a l'air amusant ? Mais où se trouve Angry Birds sur ton téléphone ? Il ne l'est pas ! Tu dois le télécharger.

Ajouter et supprimer des applications sur le Pixel est facile. Rendez-vous dans votre barre de favoris en bas de votre écran d'accueil et appuyez sur l'application Google Play.

Cela lance le Play Store.

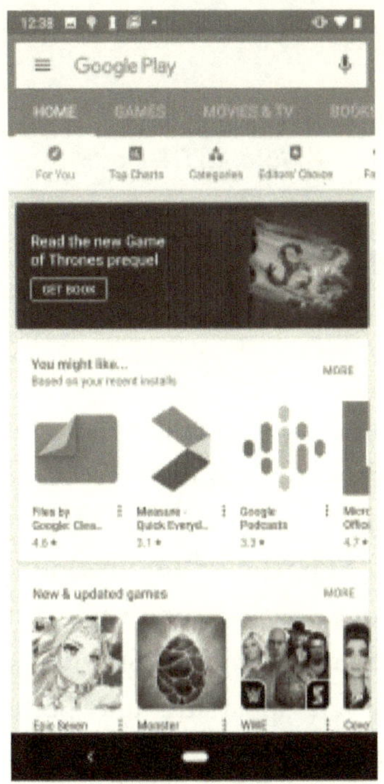

De là, vous pouvez parcourir les meilleures applications, voir les choix des éditeurs, parcourir les catégories ou, si vous avez une application en tête, la rechercher. Le Play Store ne contient pas que des applications. Vous pouvez utiliser les onglets situés en haut pour accéder aux films, aux livres et à la musique. Tout type de contenu téléchargeable proposé par Google peut être trouvé ici.

Lorsque vous voyez l'application que vous voulez, appuyez dessus. Vous pouvez lire les avis, voir les captures d'écran et l'installer sur votre téléphone. Pour l'installer, il suffit de toucher le bouton d'installation. S'il s'agit d'une application payante, vous serez invité à l'acheter. S'il n'y a pas de prix, l'application est gratuite (ou propose des paiements intégrés, ce qui signifie que l'application est gratuite, mais qu'elle contient des fonctionnalités payantes).

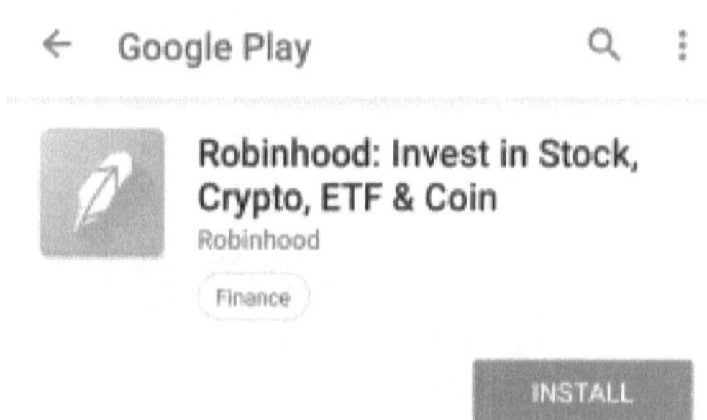

L'application est maintenant stockée dans la section des applications de votre appareil (vous vous souvenez de la section à laquelle vous accédez lorsque vous passez du bas vers le haut de l'écran).

Supprimer l'application

Si vous décidez que vous ne voulez plus d'une application, allez sur l'application dans le menu des applications et appuyez dessus en la maintenant. Cela fait apparaître une boîte qui dit "Infos sur l'application". Touchez-la.

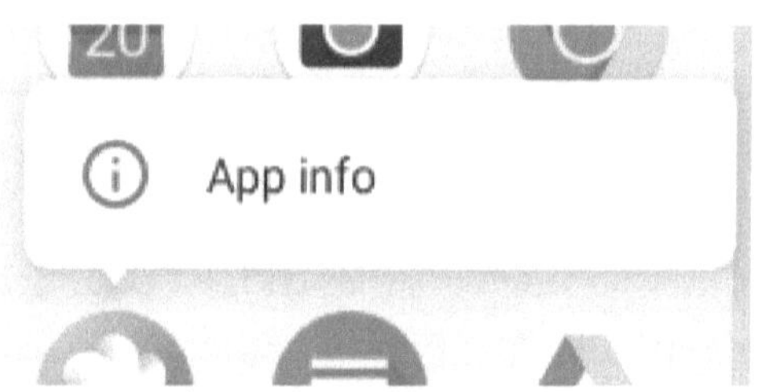

Dans ce menu, vous obtiendrez toutes les informations sur l'application ; l'une des options est de la supprimer. Appuyez sur cette option et vous avez terminé.

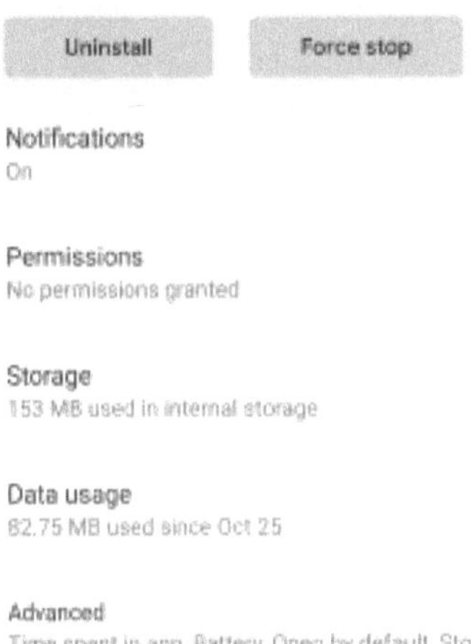

Si vous téléchargez l'application depuis le Play Storevous pouvez toujours la supprimer. Certaines applications préinstallées sur votre téléphone ne peuvent pas être supprimées.

Itinéraire

À l'époque, vous avez peut-être eu un GPS. C'était un appareil en plastique fantaisie qui vous donnait des indications pour n'importe quel endroit en Amérique du Nord. Vous pouvez jeter cet appareil car votre téléphone est votre nouveau GPS.

Pour obtenir un itinéraire, balayez vers le haut pour ouvrir vos applications. Appuyez sur l'application Maps.

Il sera automatiquement réglé sur l'endroit où vous vous trouvez actuellement, ce qui est à la fois effrayant et utile.

Pour commencer, il suffit de taper l'endroit où vous voulez aller. Je cherche un parc d'attractions à Anaheim.

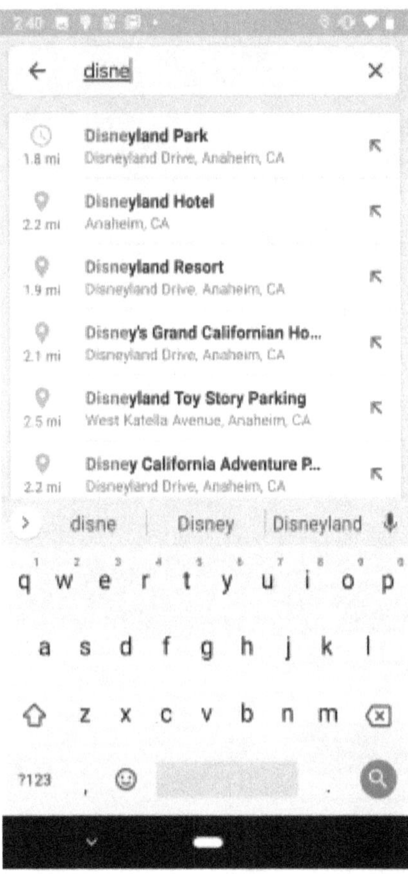

Il commence automatiquement à remplir ce qu'il pense que vous allez taper et vous indique la distance. Lorsque vous voyez celle que vous voulez, appuyez dessus.

Il indique l'emplacement sur la carte et vous donne également la possibilité d'appeler, de partager ou d'obtenir des instructions pour vous rendre à cet endroit. Pour effectuer un zoom avant ou arrière, il suffit d'utiliser deux doigts et de pincer l'écran vers l'intérieur ou l'extérieur.

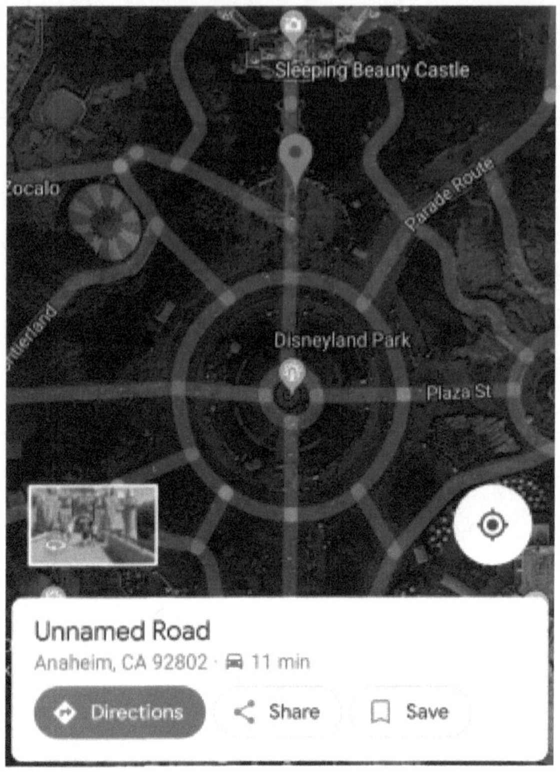

Il obtient automatiquement des indications à partir de l'endroit où vous vous trouvez. Vous voulez un itinéraire à partir d'un autre endroit ? Il vous suffit d'appuyer sur le champ "Votre position" et de taper l'endroit où vous voulez aller. Vous pouvez également inverser les directions en appuyant sur les doubles flèches. Lorsque vous êtes prêt à partir, appuyez sur "Démarrer".

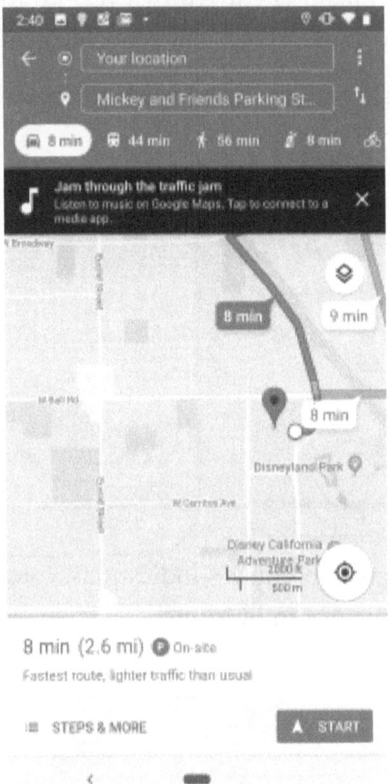

Et si vous ne voulez pas conduire ? Et si vous voulez marcher ? Ou faire du vélo ? Ou prendre un taxi ? Il existe des options pour tout cela et bien plus encore ! Appuyez sur le curseur situé sous la barre d'adresse pour choisir l'option que vous préférez. Cela met à jour les indications : lorsque vous marchez, par exemple, les rues à sens unique sont indiquées et le temps que cela vous prendra est également mis à jour.

Que faire si vous voulez conduire mais êtes comme moi : terrifié par les autoroutes en Californie ? Il existe une option pour éviter les autoroutes. Appuyez sur le bouton de menu dans le coin supérieur droit de l'écran, puis sélectionnez ce que vous voulez éviter, et appuyez sur "terminé". Vous êtes maintenant redirigé vers un itinéraire plus long - vous avez remarqué que les temps ont probablement changé ?

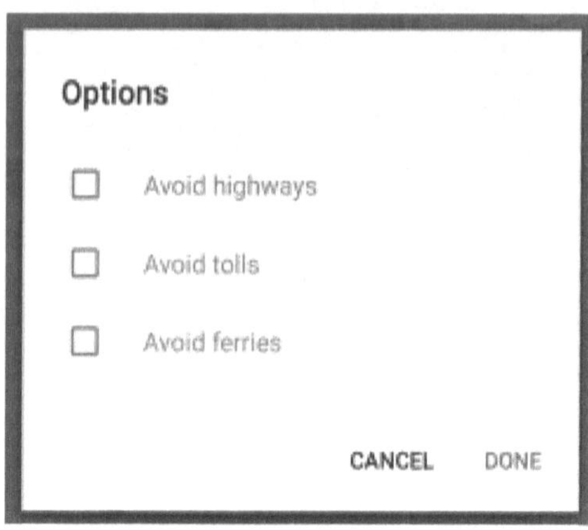

Une fois que vous avez obtenu vos indications, vous pouvez glisser vers le haut pour obtenir des indications virage par virage. Vous pouvez même voir à quoi cela ressemble depuis la rue. C'est ce qu'on appelle Street View.

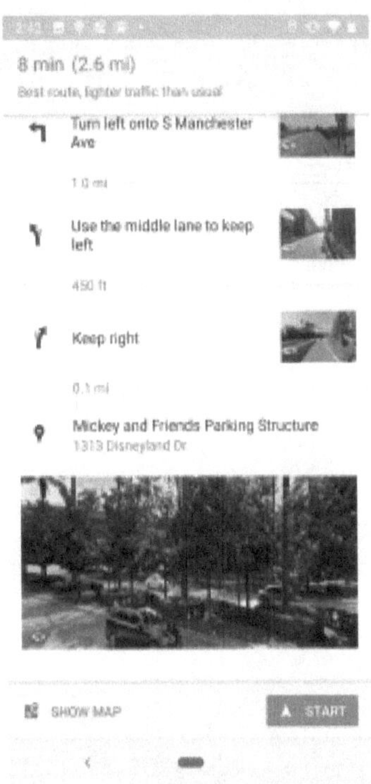

Street View n'est pas seulement pour les rues. Google étend cette fonctionnalité partout. Si vous maintenez votre doigt au-dessus de la carte, une option permettant d'afficher Street View sera proposée si elle est disponible. Il suffit de toucher la vignette. Voici une vue de la rue :

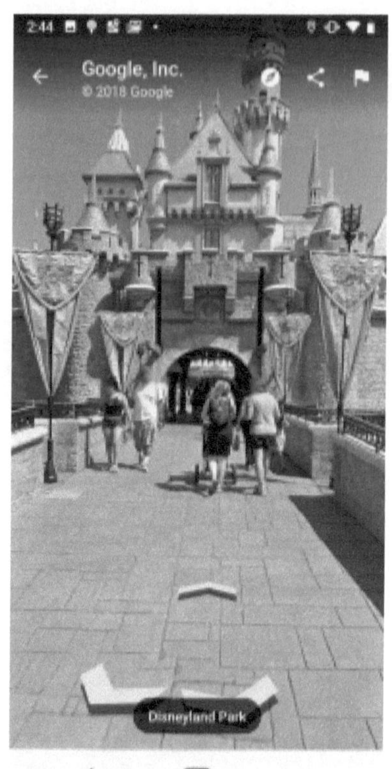

Tu peux te promener dans tout le parc ! Si seulement vous pouviez aussi monter sur les manèges ! Vous pouvez être encore plus proche de l'action en prenant le casque Dreamview. Quand vous mettez votre téléphone dedans, vous pouvez tourner la tête et la vue tourne avec vous.

Street View est également disponible dans de nombreux centres commerciaux et autres attractions touristiques. Dirigez votre carte vers le Smithsonian à Washington, DC et vous obtiendrez une vue de la rue plutôt cool.

Quel est le nom de cette chanson ?

Nous avons tous connu ce moment où nous sommes assis dans un café ou dans un ascenseur et que cette "seule" chanson passe. Celle qu'on aime, qu'on déteste ou dont on veut juste connaître le nom. Oui, il existe une application pour nous dire le nom, mais parfois nous ne pouvons pas la sortir à temps - ou nous ne voulons tout simplement pas d'une autre application sur notre téléphone. C'est là que l'application Now Playing est utile.

Now Playing est présent depuis le Pixel 2, mais il passe souvent inaperçu. Il détecte les musiques jouées autour de vous et les ajoute à une liste que vous pouvez consulter plus tard. Tout cela se passe en arrière-plan et vous ne savez même pas qu'il est en cours d'exécution, à moins que vous n'ayez configuré des notifications.

Pour voir les chansons qui ont été enregistrées dans votre journal, accédez à Paramètres > Son > Lecture en cours. Vous pouvez voir votre journal en cliquant sur l'historique, ou vous pouvez basculer sur le bouton "afficher les chansons sur l'écran de verrouillage".

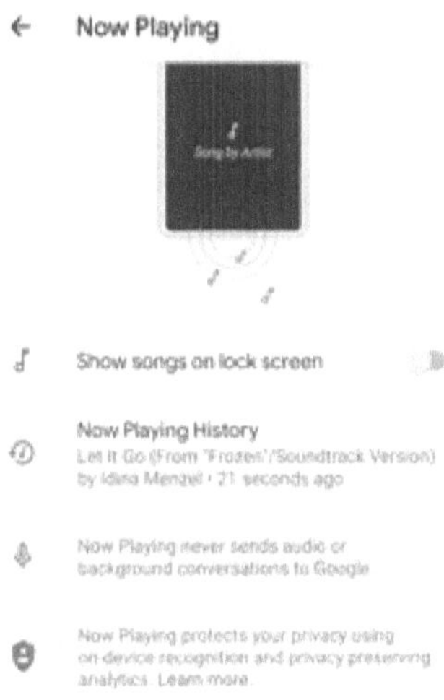

Sous-titrage en directing

L'une des plus grandes fonctionnalités d'Android 10 est le sous-titrage en direct ; le sous-titrage en direct peut transcrire toute vidéo que vous enregistrez et montrer ce qui est dit. Il fonctionne étonnamment bien et est assez précis.

Pour l'activer, allez dans Paramètres > Son > Live Caption.

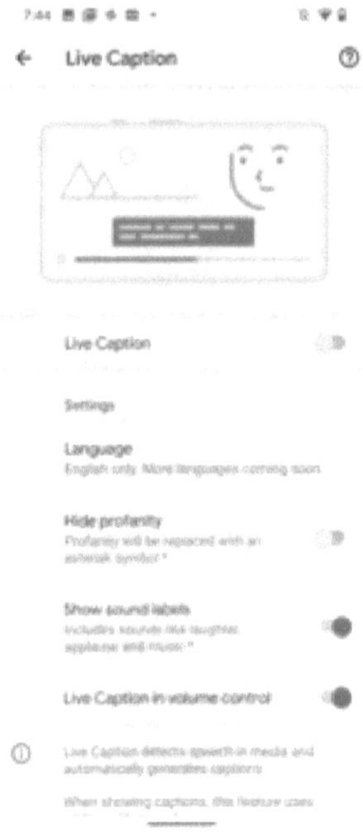

Dans les paramètres, vous pouvez également désactiver les jurons et, bientôt, sélectionner une autre langue. Si c'est quelque chose que vous n'utilisez qu'occasionnellement, je vous recommande de le laisser désactivé, mais de l'activer sous Live Caption dans le contrôle du volume. Lorsque cette option est activée, il vous suffit d'appuyer sur le bouton de volume. Une fois que vous avez fait cela, vous verrez l'option pour l'activer ; c'est l'option du bas.

Une fois qu'il est activé, vous commencerez à voir apparaître une transcription en quelques secondes.

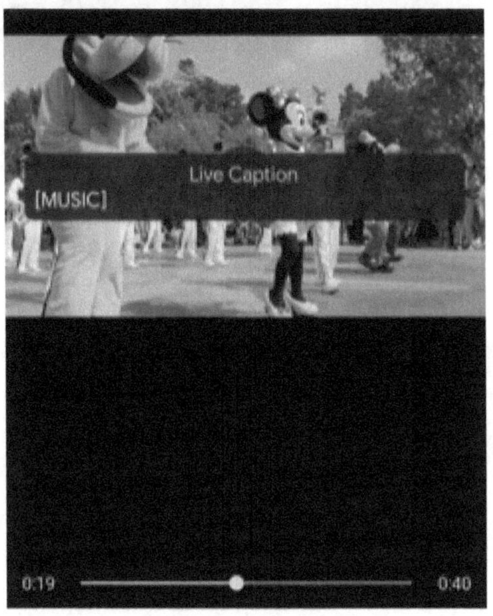

Taux de rafraîchissement

Le Pixel 5 prend en charge un taux de rafraîchissement allant jusqu'à 90 Hz. Wow, n'est-ce pas ? En fait, la plupart des gens n'ont aucune idée de ce que cela signifie. Il s'agit d'images par seconde (FPS) - ou 90 FPS. Alors, qu'est-ce que cela signifie ? Si vous jouez à des jeux ou si vous utilisez un appareil où l'action est rapide, cela signifie que les choses sembleront beaucoup plus fluides. Cela va également réduire à néant la durée de vie de votre batterie, donc à utiliser avec précaution (60 Hz est la norme).

Pour l'activer ou la désactiver, il existe deux possibilités. La première consiste à aller dans Paramètres > Affichage > Avancés > Affichage fluide. Cette option permet d'activer ou de désactiver automatiquement le lissage de l'affichage.

Si vous souhaitez l'activer de force, il existe une deuxième option. Remarque : cette option est "à utiliser à vos risques et périls" car il s'agit d'une option de développeur. Je vous conseille de ne pas l'utiliser si vous ne savez pas ce que vous faites. Pour ce faire, allez dans Paramètres > À propos du téléphone ; allez tout en bas et appuyez plusieurs fois sur le numéro de build jusqu'à ce que vous soyez en mode développeur. Allez maintenant dans Système > Avancé > Options de développement > Forcer le taux de rafraîchissement de 90 Hz.

Partage du Wi-Fi

Chaque fois que vous recevez des invités, on vous pose presque toujours la question suivante : quel est votre mot de passe wi-fi. Si vous êtes comme moi, cette question vous ennuie probablement. Peut-être que ton mot de passe est très long, peut-être que tu n'aimes pas donner ton mot de passe, ou peut-être que tu es trop gêné pour dire que c'est "Feet$FetishLover1". Quelle que soit la raison, alors vous allez adorer partager votre wi-fi avec des codes QR. L'époque où il fallait donner ces informations est révolue. Donnez-leur simplement un code à scanner et ils auront accès à votre site sans jamais savoir quel est votre mot de passe.

Pour l'utiliser, allez dans vos paramètres wi-fi, puis sélectionnez le bouton de configuration du wi-fi que vous voulez partager.

Cela fera apparaître vos informations wi-fI ; appuyez sur l'option bleue "Partager" avec le code QR.

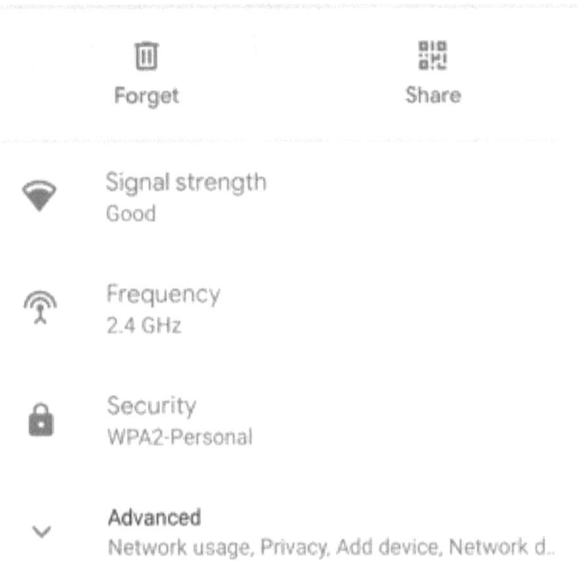

Une fois que vous aurez vérifié que c'est bien vous, vous verrez le code à scanner et vous n'aurez plus qu'à le montrer à votre ami.

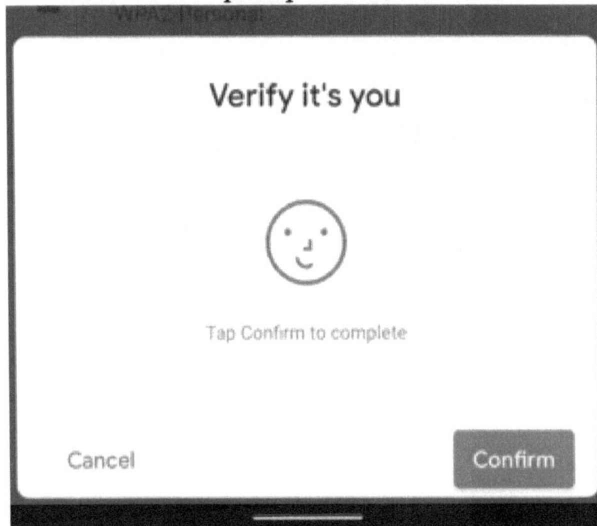

Capture d'écran

Si vous avez déjà rencontré un problème avec votre téléphone et qu'on vous a dit "Faites une capture d'écran", ce qu'on veut dire sur Android, c'est qu'il faut maintenir le bouton marche/arrêt et le volume bas en même temps. Cela permet de faire une capture d'écran de ce qui est sur votre écran et de le placer dans un dossier de vos photos. Cliquez sur "Bibliothèque" lorsque vous ouvrez votre album photo et vous verrez un dossier appelé "Captures d'écran".

Lorsque vous faites marche + volume vers le bas, vous verrez un aperçu apparaître dans le coin inférieur gauche. Il disparaîtra au bout de quelques secondes, sauf si vous appuyez sur le bouton pour le modifier.

Si l'écran le permet (ce n'est pas le cas de tous les écrans, alors ne soyez pas frustré si vous ne voyez pas cette option au début), vous pouvez capturer plus que ce qui est à l'écran ; cela s'appelle une capture d'écran défilante. Si cette option est disponible, vous verrez un bouton intitulé Capturer plus. Ce type de capture est idéal pour les pages Web longues et chargées de texte.

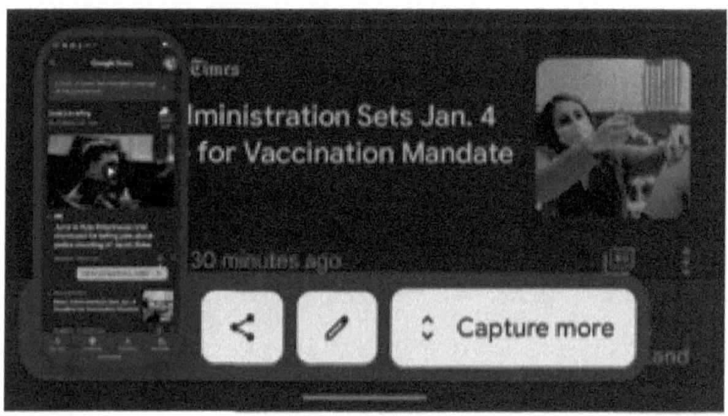

Lorsque vous appuyez sur Capturer davantage, vous avez la possibilité de faire glisser la zone que vous souhaitez capturer davantage. Vous pouvez capturer la page entière ou seulement une partie de celle-ci.

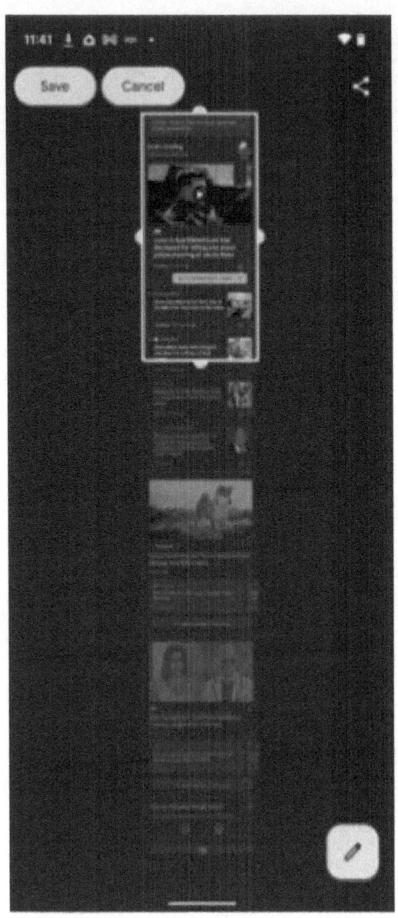

Google Recorder

Google Recorder a toujours été le rêve des étudiants en transcrivant automatiquement ce qui est enregistré. Il s'améliore avec le Pixel 7 (bien que la fonctionnalité n'était pas disponible au moment de la rédaction) en vous permettant d'étiqueter qui parle ; si, par exemple, vous avez une interview avec plusieurs personnes, il détectera qui dit quoi.

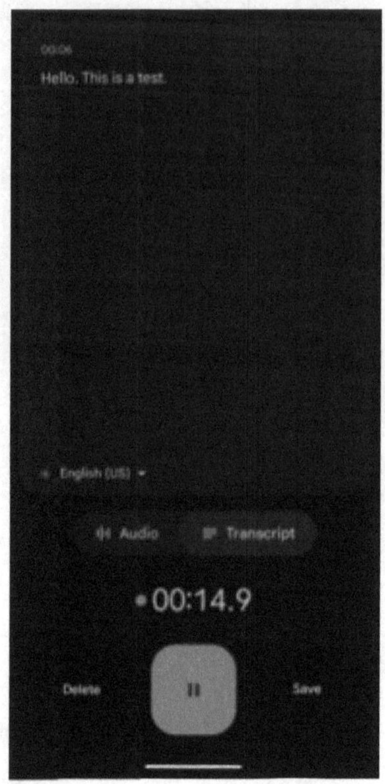
00:06
Hello. This is a test.
English (US)
Audio   Transcript
00:14.9
Delete   Save

[5]
Allons surfer maintenant !

Ce chapitre couvre :

- Configuration du courrier électronique
- Créer et envoyer des e-mails
- Gestion de plusieurs comptes
- Naviguer sur l'internet

Lorsqu'il s'agit de l'Internetil y a deux choses que vous devez faire :

- Envoyer un courriel
- Parcourir l'Internet

Ajouter un compte Compte

Lorsque vous configurez votre téléphone, vous le connectez à votre compte Google, qui est généralement votre adresse électronique.

Il se peut toutefois que vous souhaitiez ajouter un autre compte de messagerie - ou supprimer celui que vous avez configuré.

Pour ajouter un e-mail, balayez vers le haut pour faire apparaître vos applications, puis tapez sur "Paramètres".."

Ensuite, tapez sur "Comptes".

À partir de là, sélectionnez "Ajouter un compte" ; vous pouvez également appuyer sur le compte qui a été configuré et appuyer sur supprimer le compte - mais n'oubliez pas que vous pouvez avoir plus d'un compte sur votre téléphone.

Une fois que vous aurez ajouté votre adresse électronique, il vous sera demandé quel type d'adresse électronique il s'agit. Suivez les étapes après avoir sélectionné le type d'e-mail pour ajouter votre e-mail, votre mot de passe et les autres champs obligatoires.

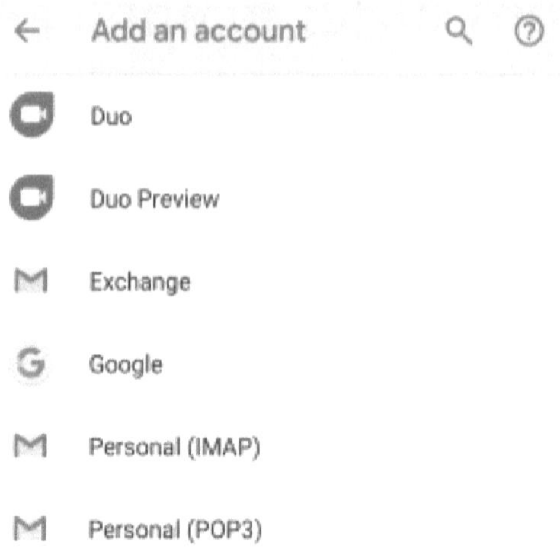

Créer et envoyer un e-mail

Pour envoyer un e-mail à l'aide de Gmail (l'application de messagerie native de Pixel), balayez vers le haut pour accéder à vos applications, appuyez sur "Gmail" et appuyez sur "Composer un nouvel e-mail" (le petit crayon rouge rond dans le coin inférieur droit)."(le petit crayon rouge rond dans le coin inférieur droit). Lorsque vous avez terminé, appuyez sur le bouton d'envoi.

Vous pouvez également utiliser le Google Play Store pour trouver d'autres applications de messagerie (telles qu'Outlook).

Gérer plusieurs comptes de messagerie multiples

Si vous avez plus d'un compte Gmail, appuyez sur les trois lignes en haut à gauche de votre écran de messagerie ; cela fait apparaître un menu déroulant. Si vous appuyez sur la petite flèche située à côté de l'adresse électronique, le menu descend et affiche les autres comptes. Si aucun n'est répertorié, vous pouvez en ajouter un.

Surfer sur l'internet

Le navigateur Web natif de Google est Chrome. Vous pouvez utiliser d'autres navigateurs (que vous trouverez dans le Google Play Store). Toutefois, ce livre ne traite que de Chrome.

Commencez par cliquer sur l'icône du navigateur Chrome dans votre barre de favoris, ou en allant dans tous les programmes.

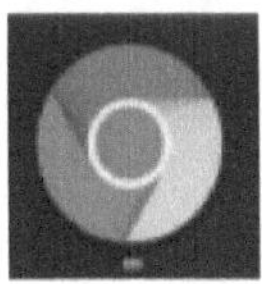

Si vous avez déjà utilisé Chrome sur un ordinateur de bureau ou sur tout autre périphérique, ce chapitre n'a rien de bien compliqué. En effet, comme pour l'application de messagerie électronique, la plupart des propriétés que l'on trouve sur l'ordinateur de bureau existent également sur la version mobile.

Lorsque vous l'ouvrirez, vous verrez qu'il s'agit d'un navigateur assez basique. Il y a trois choses principales que vous devez noter.

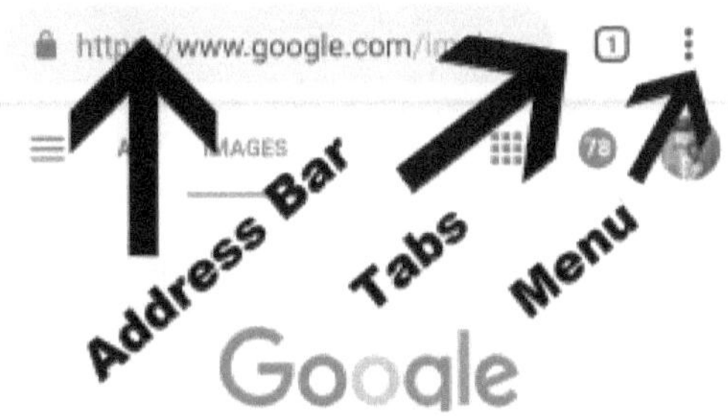

- **Barre d'adresse** - Comme vous pouvez le deviner, c'est ici que vous mettez l'adresse Internet à laquelle vous souhaitez vous rendre (google.com par exemple). que vous souhaitez consulter (google.com, par exemple). Ce que vous devez comprendre, cependant, c'est qu'il ne s'agit pas seulement d'une barre d'adresse. Il s'agit d'une barre de recherche. Vous pouvez l'utiliser pour rechercher des choses comme vous le feriez sur Google ; lorsque vous appuyez sur la touche "Entrée", vous accédez à la page de résultats de la recherche Google.

- **Bouton d'onglet** - Comme l'espace est limité, vous ne voyez pas tous vos onglets comme dans un navigateur normal ; à la place, vous avez un bouton qui vous indique le nombre d'onglets ouverts. Si vous appuyez dessus, vous pouvez soit passer d'un onglet à l'autre, soit glisser sur l'une des pages pour la fermer.

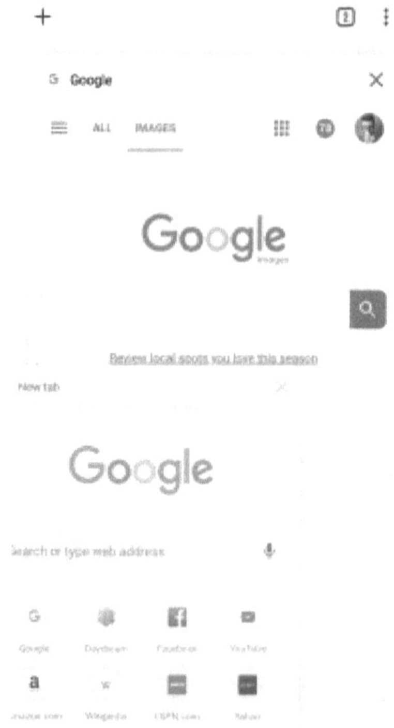

- **Bouton Menu** - Le dernier bouton fait apparaître un menu avec une série d'autres options dont je parlerai ensuite.

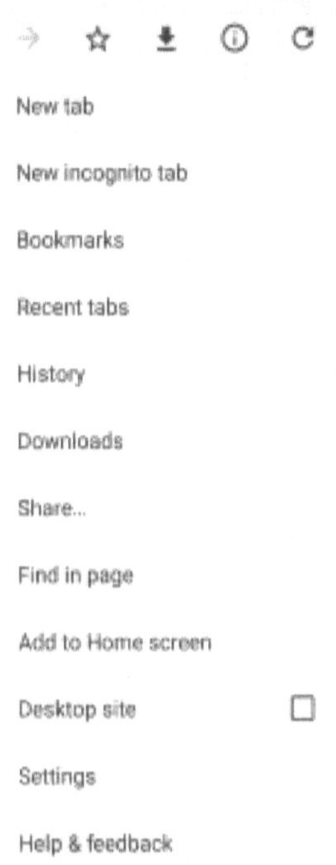

Le menu est assez simple, mais il y a quelques éléments à noter.

"Nouvel onglet incognito" ouvre votre téléphone en navigation privée ; cela ne signifie pas que votre IP n'est pas suivi. Cela signifie que votre historique n'est pas enregistré ; cela signifie également que les mots de passe et les cookies ne sont pas stockés.

Un peu plus bas se trouve "Historique" ; si vous voulez effacer votre historique pour qu'il n'y ait aucune trace sur votre téléphone de ce que vous avez fait, allez ici, et effacez votre historique de navigation.

Si vous voulez effacer autre chose que des sites web (des mots de passe, par exemple), allez dans "Paramètres", tout en bas du menu."tout en bas du menu. Cela ouvre des paramètres plus avancés.

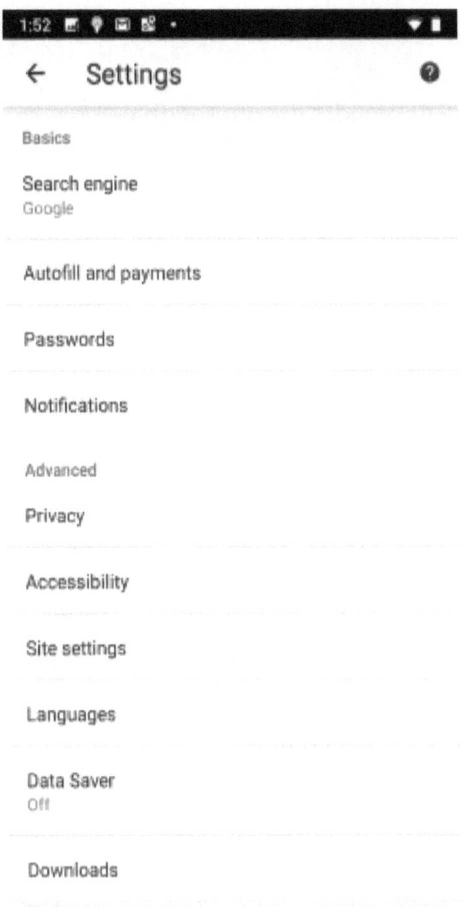

[6]

Snap It !

Ce chapitre couvre :

- Comment prendre des photos différentes
- Comment prendre des vidéos
- Appareil photo paramètres
- Différentes caractéristiques de l'appareil photo

L'appareil photo est le pain et le beurre du téléphone Pixel. De nombreuses personnes considèrent que le Pixel est le meilleur appareil photo jamais installé sur un téléphone. Je vous laisse le soin d'en décider.

L'un des avantages des photos sur le Pixel est qu'il les stocke en ligne automatiquement, de sorte que vous n'avez pas à vous soucier de les perdre. Vous pouvez les voir en vous connectant au compte Google associé à votre Pixel et en allant ici :

https://photos.google.com

Mieux encore : tout cela est gratuit ! Vous n'avez pas à payer un supplément pour plus de stockage et cela ne va pas à l'encontre des autres éléments de votre Google Drive.

Pour vous assurer que vous avez activé cette fonction, allez dans "Paramètres"."et "Sauvegarde"et "Synchronisation" ; assurez-vous de l'activer.

Il y a quelques réserves (par exemple, les photos peuvent être compressées), lisez donc les conditions.

L'essentiel

Êtes-vous prêt à faire votre Ansel Adams sur ? Commençons par ouvrir l'application de l'appareil photo. Vous pouvez le faire de plusieurs façons :

- La plus évidente est de toucher l'appareil photo dans votre barre de favoris ou en la faisant glisser vers le haut et en l'ouvrant depuis toutes les applications. Cela ressemble à un appareil photo - allez-y, figurez-vous !

- Appuyez deux fois sur le bouton d'alimentation.

Une fois que vous êtes dans l'application, n'oubliez pas que vous pouvez tourner le téléphone pour basculer entre les modes selfie.

Lorsque vous ouvrez l'application, elle démarre en mode appareil photo de base. L'interface utilisateur peut sembler assez simple, mais ne vous y trompez pas. Il y a beaucoup de contrôles.

La première est en haut de l'écran. Appuyez sur la flèche vers le bas en haut de l'écran.

Les options sont assez simples, mais le "Top Shot" (qui s'appelait auparavant "Motion") est peut-être nouveau pour vous. Il s'agit en fait d'une très courte vidéo de votre photo. Vous pouvez l'activer pour toutes les photos, l'activer automatiquement lorsqu'un mouvement est détecté ou la désactiver. Top Shot est plus grand, donc le stockage dans ce mode prendra un peu plus d'espace. Night Sight est idéal pour les situations de faible luminosité. L'écran ci-dessous représente les paramètres de base de l'appareil photo, mais ce menu peut différer légèrement selon le mode de l'appareil photo dans lequel vous vous trouvez.

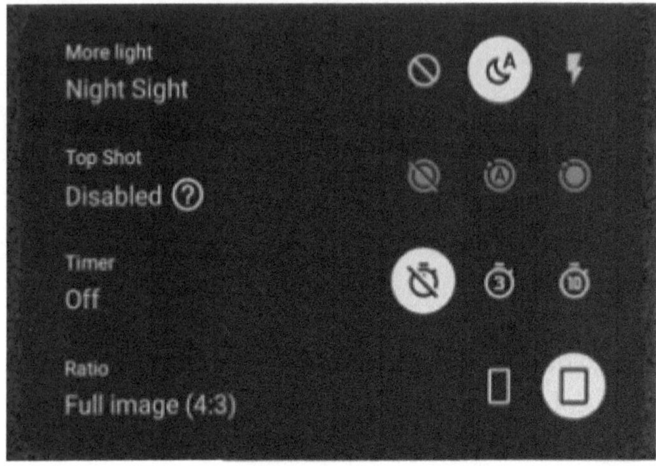

En haut à droite se trouve l'icône de dossier, qui vous permet de choisir l'endroit où vous allez enregistrer la photo que vous êtes en train de prendre.

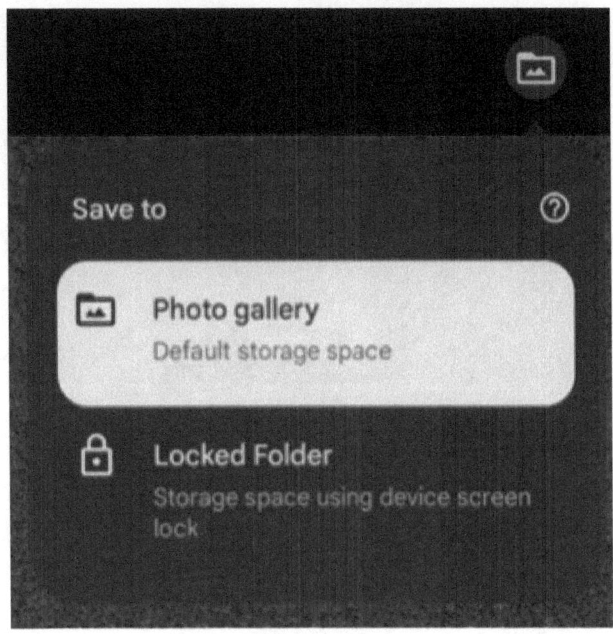

En bas de l'écran se trouvent tous les modes et l'obturateur. En commençant par la rangée supérieure à partir de la gauche, vous avez le bouton selfie, l'obturateur et l'aperçu de la dernière photo (en appuyant dessus, vous verrez toutes les photos que vous avez prises en commençant par la plus récente). En bas, vous avez les modes de l'appareil photo, dont je parlerai plus en détail plus loin dans ce chapitre.

Lorsque vous pointez votre appareil photo vers un produit et que vous appuyez et maintenez sur ce produit, cela activera Google Lens, qui essaiera de détecter ce que vous pointez et vous donnera plus d'informations à son sujet. Ce n'est pas toujours précis à 100% (par exemple, je l'ai pointé sur le boîtier du Pixel 5 et il m'a montré des infos pour le Pixel 3), mais c'est quand même une fonctionnalité sympa.

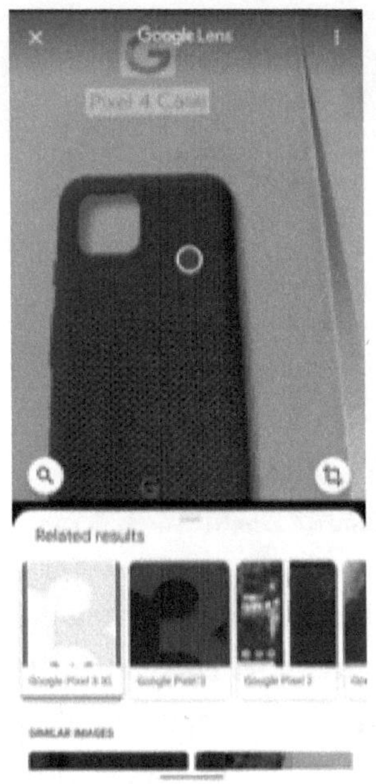

Si vous tapez une fois, mais sans maintenir la pression, cela fera apparaître les options d'exposition et de zoom (vous pouvez également pincer pour zoomer). Si vous tapez sur la zone de l'écran sur laquelle vous voulez faire la mise au point, la mise au point se fera également sur cette zone. Par exemple, si vous pointez la caméra sur un groupe de personnes devant une foule de gens, vous pouvez taper sur le groupe pour indiquer à la caméra qu'il s'agit du point central du spectacle.

Lorsque vous appuyez au milieu de l'écran pour prendre une photo, vous pouvez utiliser les curseurs pour contrôler la luminosité, le contraste ou la chaleur de la photo.

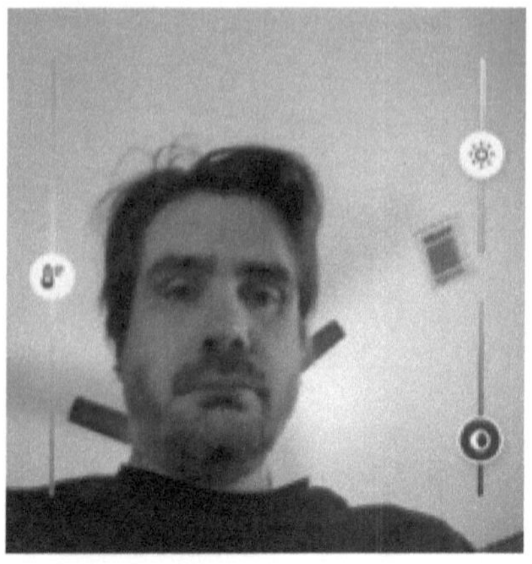

Une dernière chose à signaler concernant la prise de photos. Vous vous souvenez que dans la barre supérieure (lorsque vous glissez vers le bas), il y a une option pour désactiver l'appareil photo ou le micro ? Vous en avez besoin pour prendre des photos et des vidéos, non ? Si vous essayez de le faire quand ils sont activés, vous obtiendrez le message ci-dessous. Appuyez sur le bouton de déverrouillage pour activer les fonctions.

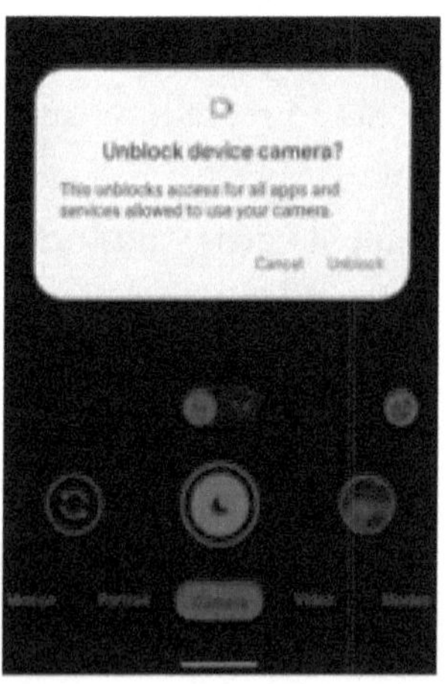

Bonjour (Photo) Ami

Y a-t-il des personnes que vous photographiez plus que d'autres ? Un enfant ? Un partenaire ? Un ami ? Un animal de compagnie ? L'IA de Google peut classer par ordre de priorité les personnes que vous photographiez le plus. Pour l'activer, rendez-vous dans l'application Appareil photo, ouvrez les paramètres et activez les Visages fréquents.

Appareil photo Modes

Examinons ensuite chacun de ces modes.

Considérez les modes comme des objectifs différents. Vous avez l'objectif de base de votre appareil photo, mais vous pouvez aussi avoir un objectif pour le fisheye et le close up. Si vous regardez en bas de votre application appareil photo, vous pouvez glisser vers la gauche et la droite pour accéder aux différents modes. En 2019, Google a ajouté le mode Night Sight, qui vous aide à capturer de meilleures photos la nuit. Il fonctionne comme le mode Appareil photo de base. Il s'allume également automatiquement lorsqu'il détecte que vous prenez des photos de nuit.

Après Night Sight, il y a le mode Portrait. Le mode Portrait donne à vos photos un aspect professionnel et net. Il estompe l'arrière-plan pour faire ressortir vos photos. Je vais vous montrer un exemple avec une photo de moi-même - je m'excuse d'avance pour mon apparence !

Me voici avec zéro flou :

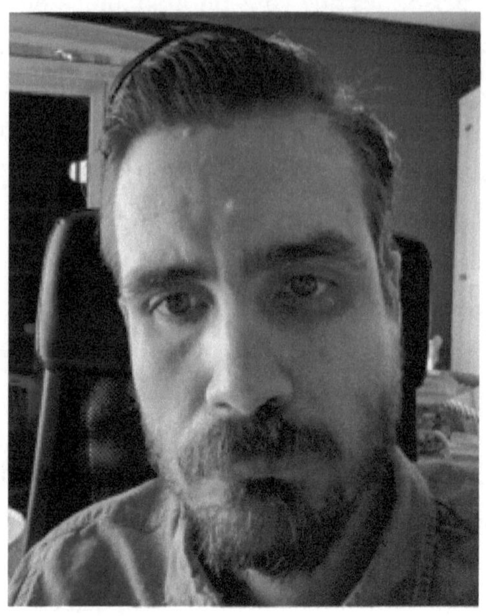

Et me voilà avec un flou maximal :

Alors comment faire ? Tout d'abord, passez en mode Portrait. Le téléphone essaiera de déterminer où sera le point focal, mais vous obtiendrez le meilleur effet si vous tapez sur l'écran à l'endroit où sera le point focal. Si vous tapez sur le visage, par exemple, le téléphone saura que vous voulez flouter tout le reste. Le changement ne sera pas visible, vous pourrez le modifier par la suite.

Je vous montrerai comment modifier ce flou un peu plus tard dans cette section.

Vidéo prend, vous l'avez deviné, des vidéos ! Une fois que vous avez appuyé sur le bouton d'enregistrement, il n'y a pas autant de paramètres que pour l'appareil photo. À gauche, il y a un bouton de pause, au milieu, le bouton d'arrêt, et à l'extrême droite, l'obturateur de l'appareil photo - ce qui signifie que pendant l'enregistrement, vous pouvez toujours prendre des photos.

Lorsque vous appuyez pour faire la mise au point sur un sujet, vous remarquerez qu'il n'y a qu'un curseur pour le zoom (en bas) et la luminosité (à droite) ; il y a également un verrou pour verrouiller votre mise au point.

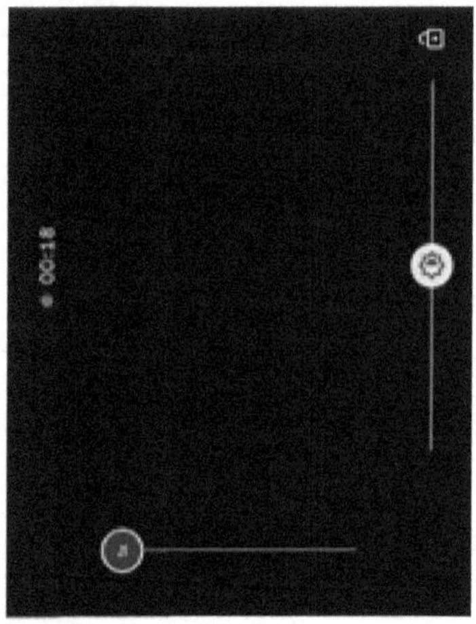

Il existe également un mode vidéo cinématique qui permet de prendre des vidéos avec un effet de flou - seule la personne principale de la scène est mise au point.

Avant de filmer une vidéo, il y a également une option pour basculer entre le ralenti, le normal et le time lapse ; si vous arrivez sur le Pixel 5 à partir d'un modèle antérieur, vous serez probablement habitué à utiliser ces modes à un autre endroit ; ils étaient auparavant situés sous "Plus". Google a décidé d'éliminer cette étape supplémentaire et de mettre tous les modes vidéo au même endroit.

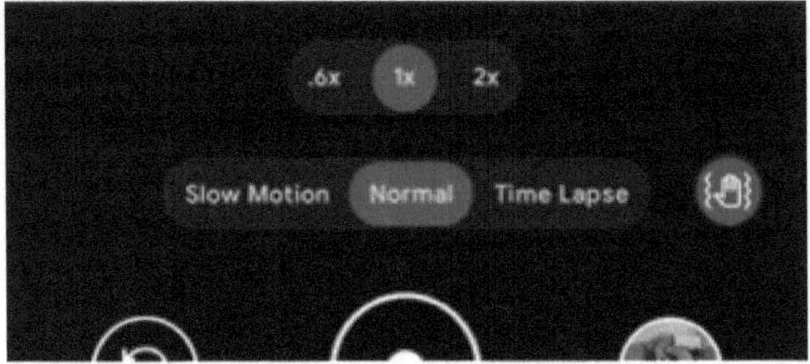

En parlant de cette zone "Plus", appuyons sur celle-ci pour voir les autres modes disponibles. Il y en a trois autres : PanoramaPhoto Sphere, et Lens. Ces modes permettent de prendre de bonnes photos, mais ce sont des modes plus amusants.

Panorama est idéal pour les photos de paysages. La photo ci-dessous en est un exemple (remarque : elle n'a pas été prise avec le Pixel) :

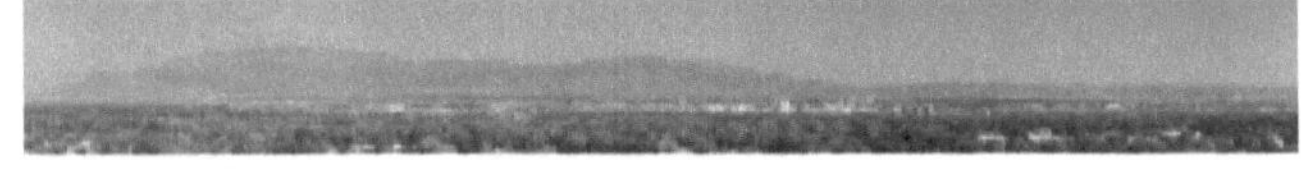

Sur le Pixel, vous prenez une photo, puis vous vous déplacez un peu vers la droite et en prenez une autre, et ainsi de suite ; toutes ces photos sont ensuite assemblées pour former une photo géante. Il suffit d'appuyer sur le bouton flèche pour chaque photo et sur le bouton bleu pour terminer (ou sur le bouton X pour annuler).

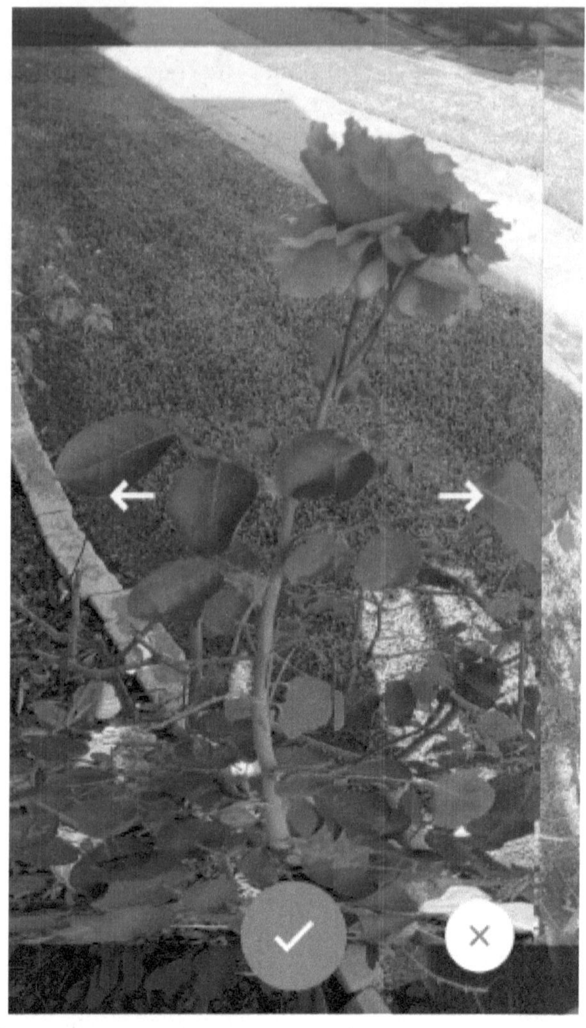

Photo Sphere est un peu comme une photo panoramique, c'est-à-dire que plusieurs photos sont assemblées. Mais là où un panorama est droit, Photo Sphere est à 360 degrés ; c'est amusant pour votre téléphone ou pour le partage en ligne (comme Facebook). Pour l'utiliser, appuyez sur le déclencheur en mode Photo Sphere, puis déplacez votre appareil photo de haut en bas, de gauche à droite.

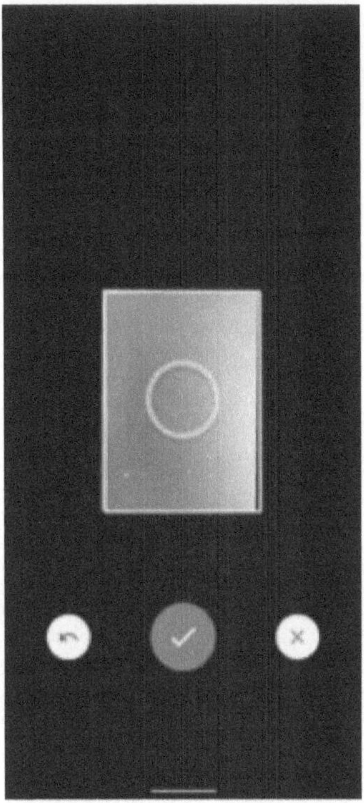

Avant de prendre la photo, vous pouvez également appuyer sur la flèche vers le bas en haut de l'écran et modifier la forme.

Lorsque vous visualisez la photo, vous pouvez soit utiliser votre doigt pour en déplacer la direction, soit toucher le mode VR dans le coin inférieur droit et utiliser des casques VR.

Le dernier mode est le mode Objectif. J'ai déjà mentionné comment vous pouvez l'activer dans le mode normal de l'appareil photo, mais il y a plus de fonctionnalités dans le mode Lens natif.

Vous pouvez faire automatique, mais il existe des modes au sein de ce mode pour traduire, scanner un document, rechercher des produits de consommation ou identifier des aliments. Par défaut, il est sur le mode automatique (celui du milieu), mais en tapant sur les autres icônes, vous changerez de mode et obtiendrez des résultats plus précis.

La plupart des modes ont des paramètres uniques. Traduire, par exemple, vous permet de détecter automatiquement la langue que vous numérisez, ou de la modifier.

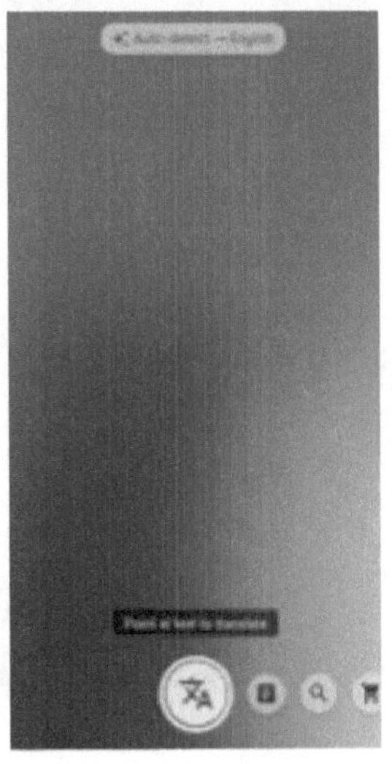

En fonction de ce que vous scannez, vous obtiendrez des informations sur le produit, et vous pourrez cliquer pour en savoir plus.

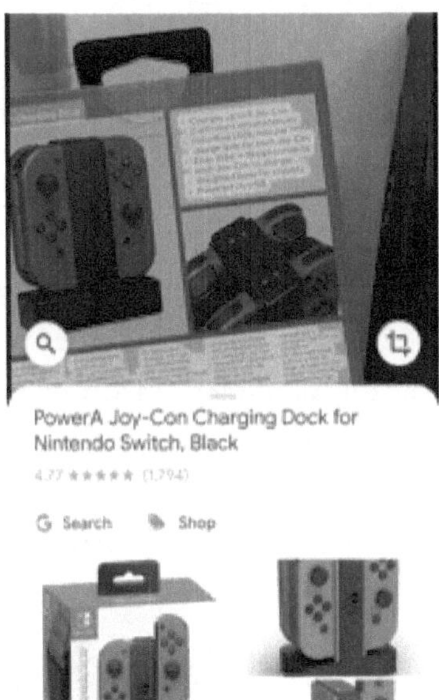

Édition de photos

Une fois que vous avez pris une photo, vous pouvez commencer à la peaufiner pour la faire briller. Vous pouvez accéder à l'édition en ouvrant la photo que vous souhaitez modifier. Pour ce faire, ouvrez-la à partir de l'application Appareil photo en cliquant sur l'aperçu de la photo (à côté de l'obturateur) ;

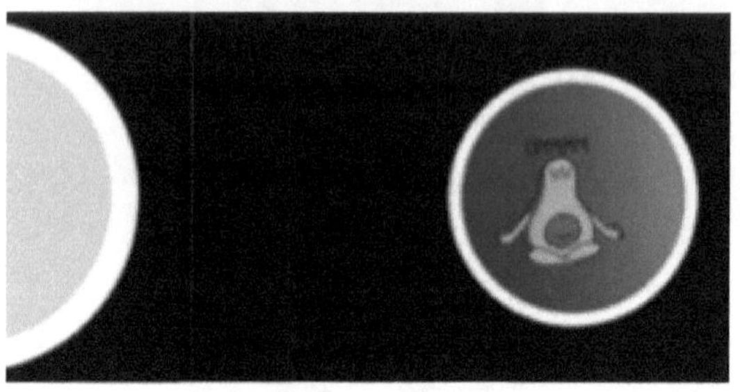

Ou en ouvrant l'application Photo.

Lorsque vous ouvrez une photo, vous voyez quatre ou cinq ensembles d'options, selon le type de photo. Les photos de type portrait disposent de plus d'options d'édition. Comment savoir de quel type de photo il s'agit ? La vignette vous le dira. Si vous voyez un horodatage, il s'agit d'une vidéo ; s'il n'y a rien, il s'agit d'une photo ordinaire ; s'il y a un portrait, il s'agit d'une photo Portrait ; et s'il y a une lune, elle a été prise en mode Nuit.

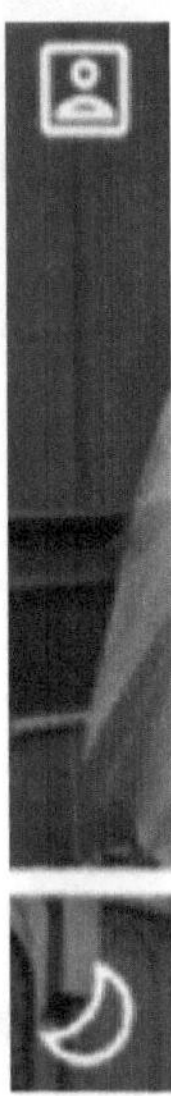

Vous trouverez ci-dessous les quatre options disponibles pour toutes les photos.

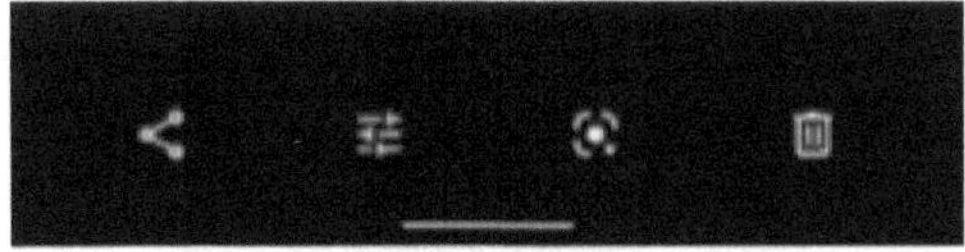

Et ces cinq options sont celles qui ne sont disponibles que pour les photos Portrait. Les mêmes options, mais une nouvelle option supplémentaire. L'option du milieu est nouvelle.

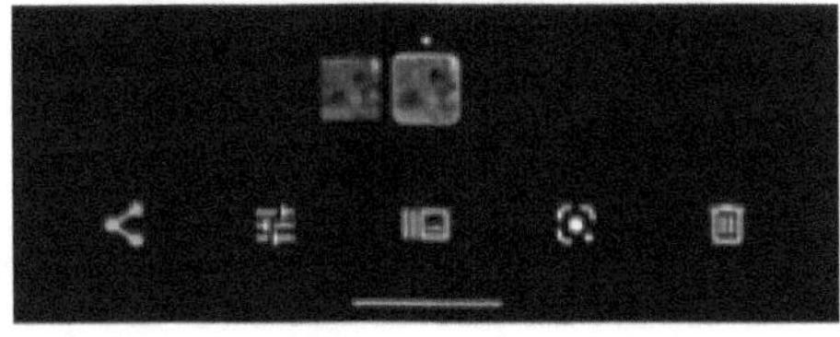

De gauche à droite, les cinq boutons signifient ceci :

- Partager la photo
- Modifier la photo
- Ne gardez qu'une seule photo (Google prend plusieurs clichés et vous montrera le meilleur)
- Allumez l'objectif
- Supprimer la photo

L'option que vous voulez est la deuxième : modifier la photo.

En appuyant sur ce bouton, plusieurs options puissantes apparaissent. La première est celle des suggestions. Cela vous permet d'ajuster automatiquement la photo en fonction des recommandations de l'IA du téléphone. Améliorer est l'option la plus générale.

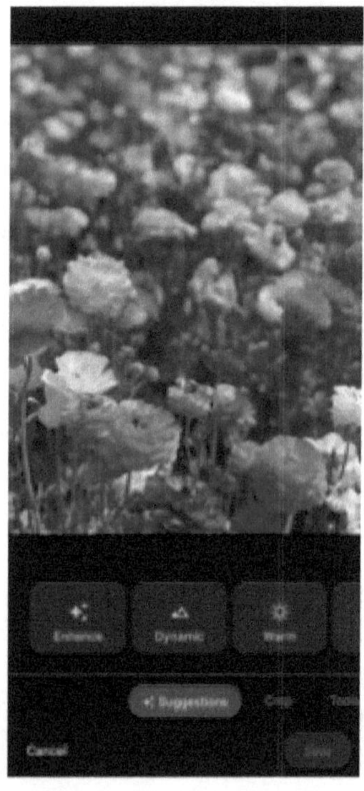

En bas du téléphone se trouve un curseur qui vous permet de voir toutes les autres options d'édition.

Le premier à côté de Suggestions est Crop. Ne vous laissez pas impressionner par le nom. Oui, vous pouvez effectuer le "recadrage" traditionnel, qui consiste à supprimer certains des bords de la photo, mais c'est également là que vous pouvez faire pivoter la photo ou changer sa direction.

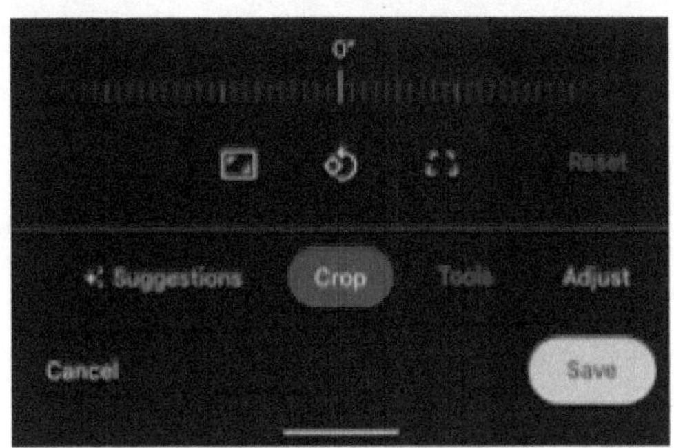

Tools possède l'une des fonctions les plus récentes et les plus intéressantes : Effacement magique. Vous voulez effacer le photobomber de l'image ? C'est fait ! Ce vieux copain de lycée qui vous a brisé le cœur ? C'est fait !

Avant d'en dire plus sur cet outil de gomme magique, permettez-moi de mentionner brièvement que si vous modifiez une photo de portrait, vous verrez encore plus d'options (voir l'image ci-dessous).

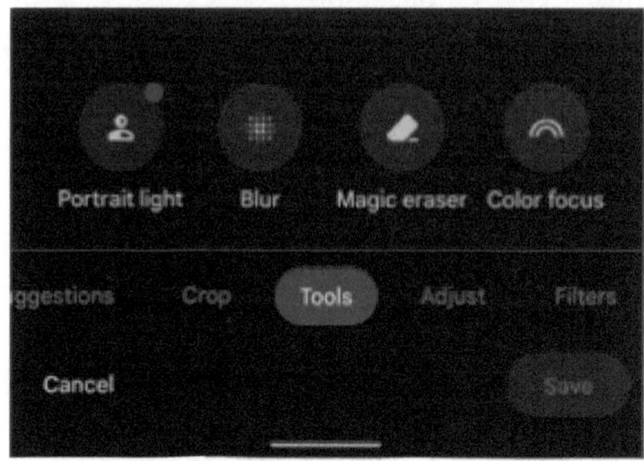

C'est là que vous pouvez modifier la mise au point de l'image (afin de pouvoir flouter autre chose), ajuster l'éclairage ou réduire la quantité de flou.

Mais revenons à cette caractéristique essentielle : l'effacement magique. Comment fonctionne-t-elle ? Jetons un coup d'oeil. L'image ci-dessous est géniale, n'est-ce pas ? ! Mais je n'aime pas la statue sur la gauche.

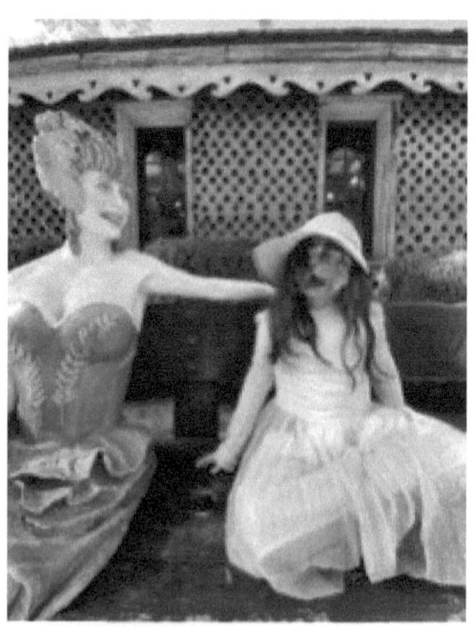

Pour la supprimer, je vais dans Édition > Outils, je sélectionne Gomme magique.

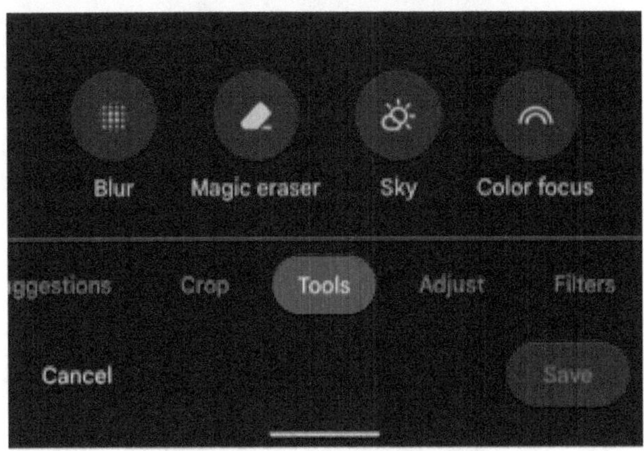

A partir de là, je frotte simplement mon doigt sur la zone que je veux effacer.

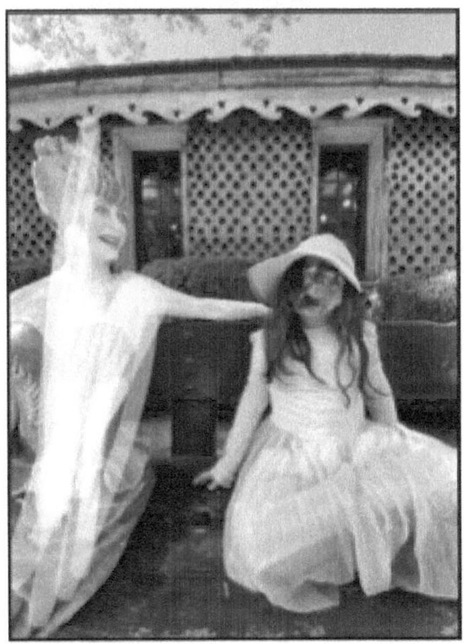

Quand j'ai fini, je lève le doigt. Pouf. Elle n'est plus là !

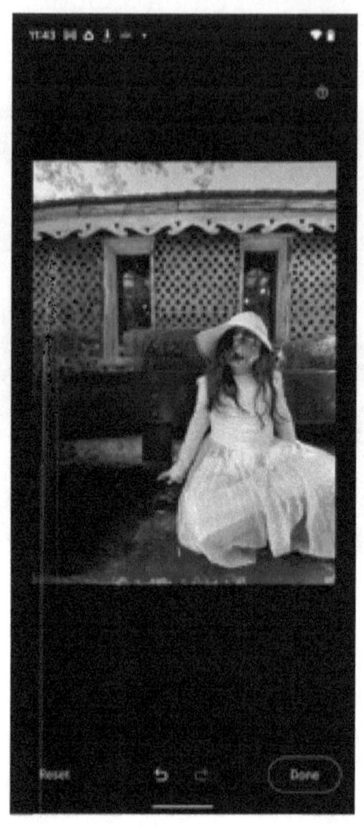

Plutôt cool, non ? Assurez-vous d'appuyer sur Terminé et de l'enregistrer.

Si par hasard vous ne voyez pas cette fonctionnalité, alors vous devez probablement mettre à jour votre téléphone. N'oubliez pas non plus que cette fonctionnalité n'est actuellement disponible que sur le Pixel.

À côté d'Outils se trouve le bouton Ajuster. C'est là que vous pouvez régler manuellement des éléments comme la luminosité. Les suggestions le font également, mais de manière automatique.

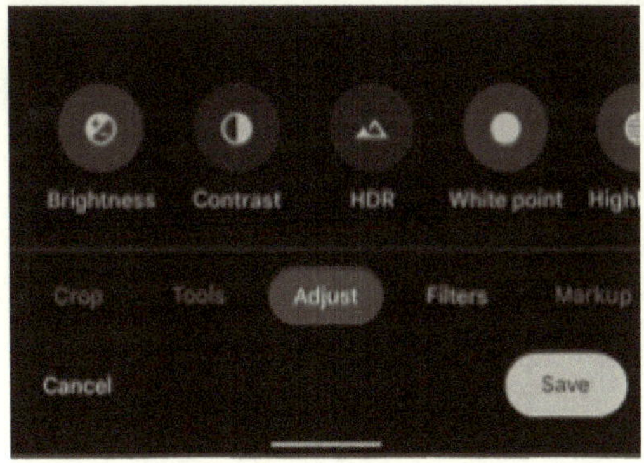

En cliquant sur l'un des paramètres, un nouveau curseur apparaît ; déplacez-le vers la gauche ou la droite pour régler l'intensité.

Le paramètre suivant, Filtres, permet d'appliquer automatiquement un filtre à la photo. Ainsi, si vous voulez que la photo ait un aspect vif, c'est-à-dire qu'elle soit pleine de couleurs vives, appuyez sur le filtre Vivid.

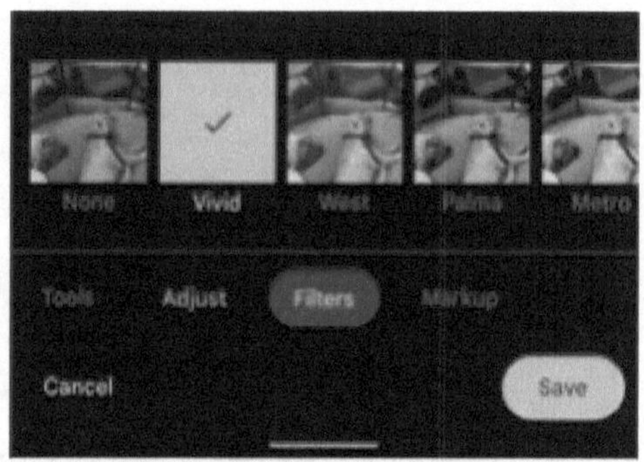

Le dernier paramètre est Markup. Ce paramètre est utilisé pour écrire du texte ou mettre en évidence des éléments de la photo. Par exemple, si vous voulez encercler un élément de la photo que vous voulez faire remarquer à quelqu'un.

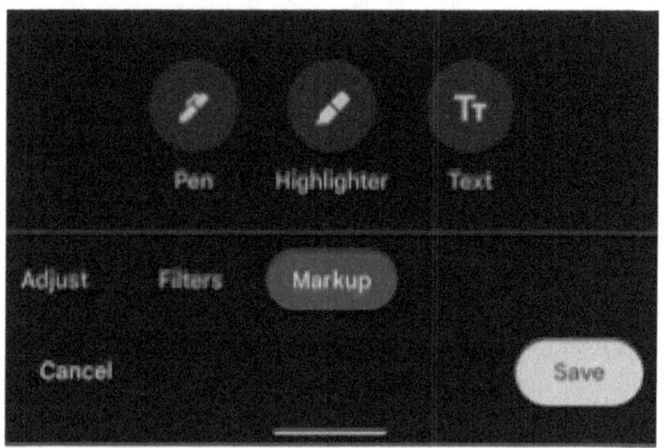

Photos floues

L'IA de Google fait vraiment briller les photos. La fonction de suppression du flou vous montre tout le potentiel de ce moteur d'IA ; il peut prendre des photos auparavant floues et les rendre plus nettes.

Il se trouve sous Outils et s'appelle Flouter. Touchez-le une fois, et il effectuera automatiquement l'ajustement qu'il juge approprié pour la photo.

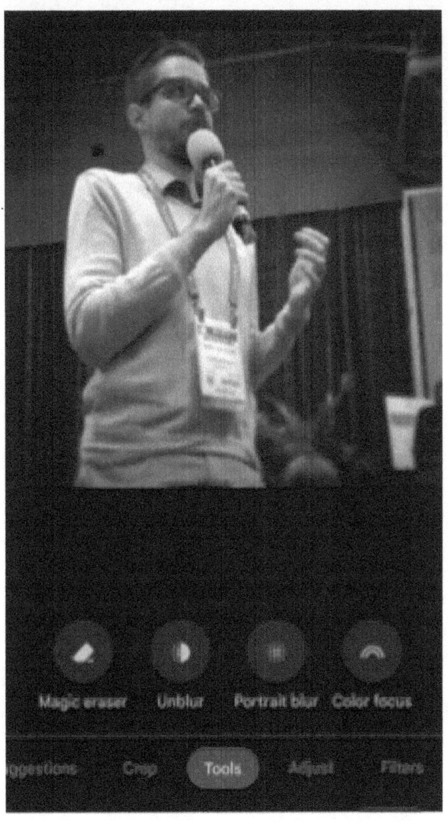

Une fois l'ajustement effectué, vous verrez un curseur qui vous permet d'effectuer d'autres ajustements : 100 est le maximum que vous pouvez atteindre ; en diminuant les valeurs, vous rendriez la photo plus floue.

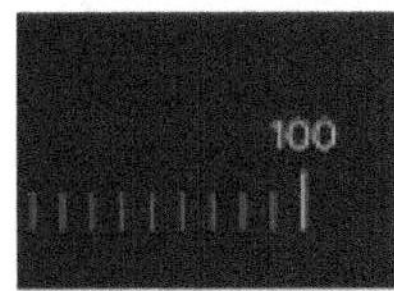

Organiser vos photos

L'avantage des photos mobiles, c'est que vous avez toujours un appareil photo prêt à capturer des événements mémorables.

L'inconvénient des photos mobiles, c'est que vous avez toujours un appareil photo prêt à capturer des événements, et vous vous retrouverez très vite avec des centaines et des centaines de photos.

Heureusement, Google simplifie l'organisation de vos photos afin que vous puissiez trouver ce que vous cherchez.

Ouvrons l'application Photos et voyons comment organiser les choses.

Pixel garde les choses assez simples en proposant seulement quatre options en bas de l'écran.

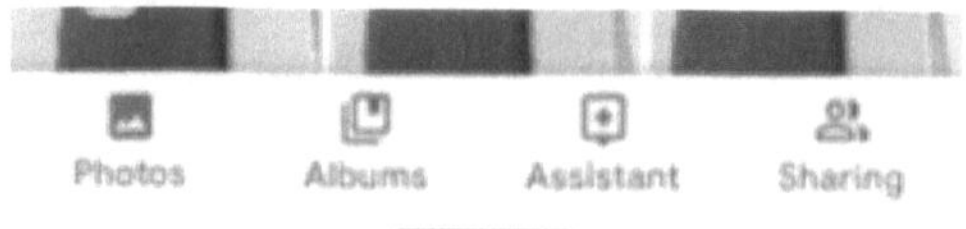

Dans le coin supérieur droit, il y a trois points, ce qui correspond au menu d'options des photos ; ce menu est présent où que vous soyez dans l'application Photo.

Lorsque vous appuyez sur ce menu, vous obtenez plusieurs autres options.

Les options sont les suivantes :

- Sélectionner - Cette fonction vous permet de sélectionner des photos sur votre écran pour les partager, les envoyer par courriel, les imprimer, etc.
- Mise en page - Il existe deux modes de mise en page : Vue confortable (cette vue crée une grille avec des vignettes de photos petites et grandes) et Vue mensuelle (toutes les vignettes ont la même taille.

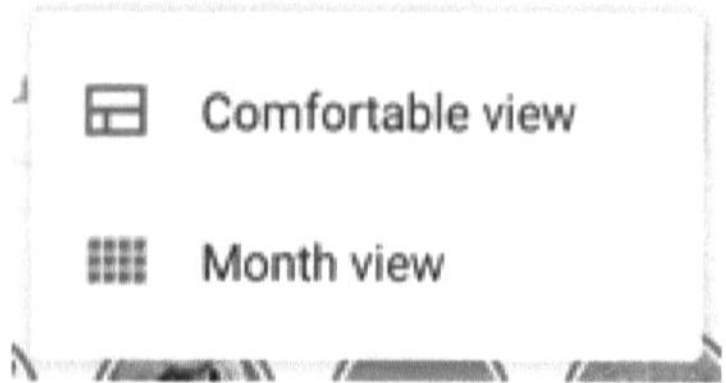

- Album - Permet de créer un album en sélectionnant des photos ou des visages.

- Album partagé - Permet de partager des albums.
- Tirages - Créez rapidement des albums photo que vous pouvez imprimer et faire envoyer à votre domicile.

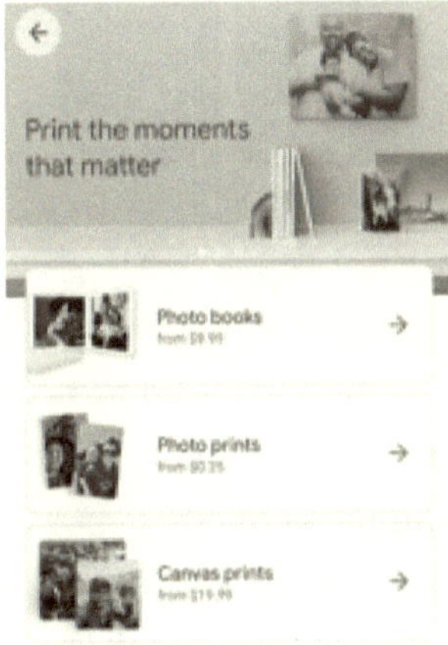

- Films - Les films vous permettent de créer des souvenirs vidéo de vos photos. Vous pouvez soit sélectionner "Nouveau film" et en créer un à partir des photos sélectionnées, soit choisir parmi les nombreux modèles proposés. La création d'un film peut prendre plusieurs minutes si vous choisissez cette option.

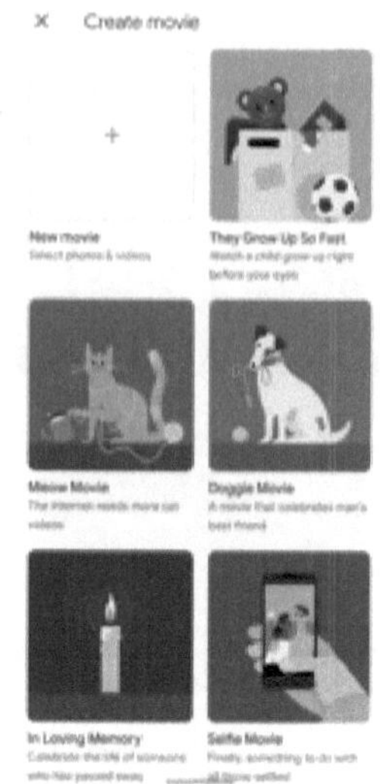

- Animation - L'animation est un peu comme un .gif ; alors que les films peuvent durer plusieurs minutes, les animations ne durent que quelques secondes.
- Collage - Collage vous permet de sélectionner jusqu'à neuf photos à combiner en un seul collage. Si vous en choisissez moins, Google les organise automatiquement pour vous. L'illustration ci-dessous est un exemple de collage de trois photos. Il n'y a pas beaucoup de personnalisation ici, donc si vous voulez un collage, vous pouvez télécharger une application gratuite de collage qui a quelques outils supplémentaires.

Dans le coin supérieur gauche se trouvent trois lignes ; cela ouvre votre deuxième écran d'options de menu.

Certaines des options (comme l'achat de tirages) sont les mêmes que celles que vous avez déjà vues dans l'autre menu.

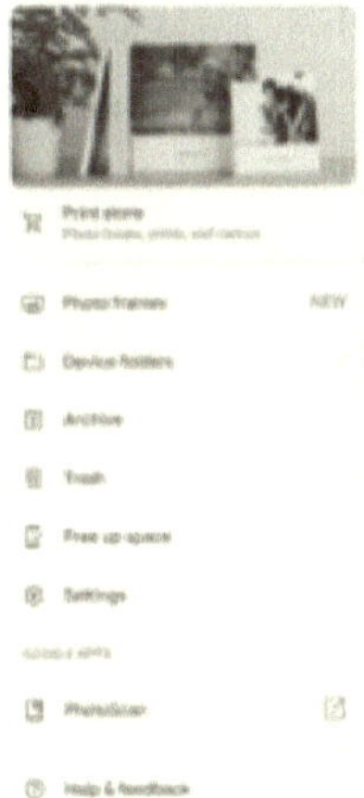

Cadres photo est une option disponible si vous avez un Nest Hub (ou Google Hub) de Google. Elle vous permet de choisir les photos qui s'affichent sur votre Hub.

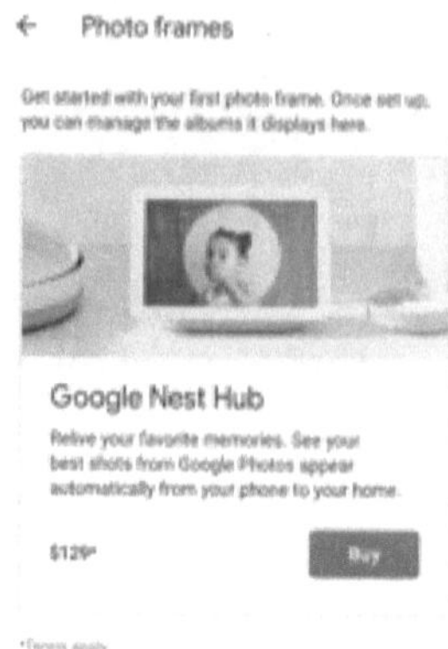

Les dossiers de l'appareil sont l'endroit où vous pouvez trouver les captures d'écran si vous en avez fait. Vous pouvez faire une capture d'écran en appuyant en même temps sur le bouton orange et sur le bouton de volume bas.

L'archivage vous permet de désencombrer votre téléphone. Vous pouvez archiver des photos pour que votre zone principale en contienne moins. En les archivant, vous les placez ici, mais elles seront toujours consultables.

Si vous supprimez une photo, elle n'est en fait pas définitivement supprimée de votre appareil... pour le moment. Elle est déplacée ici. C'est utile si vous avez un enfant qui aime supprimer des choses ! Si vous appuyez sur l'une des photos, vous pouvez la restaurer ou la supprimer - si vous la supprimez, elle sera définitivement effacée.

"Libérer de l'espace" supprime les photos de votre appareil et les sauvegarde sur votre compte Google. Vous pouvez toujours les consulter quand vous le souhaitez.

Paramètres seront abordés dans les sections suivantes.

Enfin, PhotoScan est une application gratuite que vous devez télécharger pour l'utiliser. Elle vous permet d'utiliser votre appareil photo Pixel pour numériser de vieilles photos imprimées. Elle fonctionne étonnamment bien et est recommandée si vous avez beaucoup de photos que vous voulez sauvegarder.

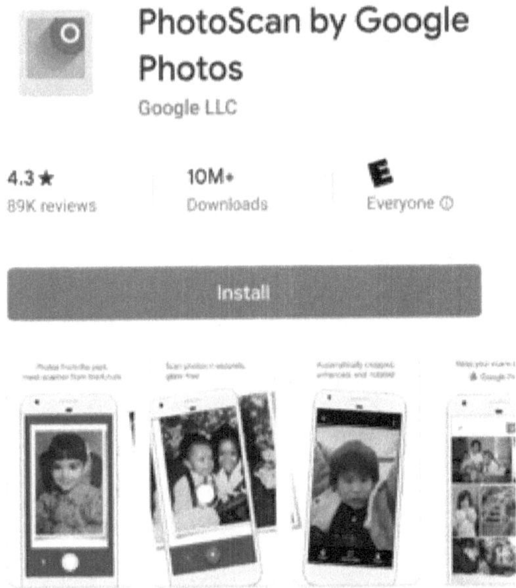

L'onglet suivant en bas de l'application Photos (Albums) vous permet de commencer à regrouper vos photos. Des éléments comme Lieux et

Objets disposent déjà d'albums. Si vous avez créé des étoiles, vous en verrez également un pour les Favoris.

Ce que vous ne savez peut-être pas, c'est que Google travaille discrètement en arrière-plan pour savoir qui se trouve sur les photos. Une fois que vous aurez pris plusieurs photos, vous en verrez une appelée Personnes et Animaux.

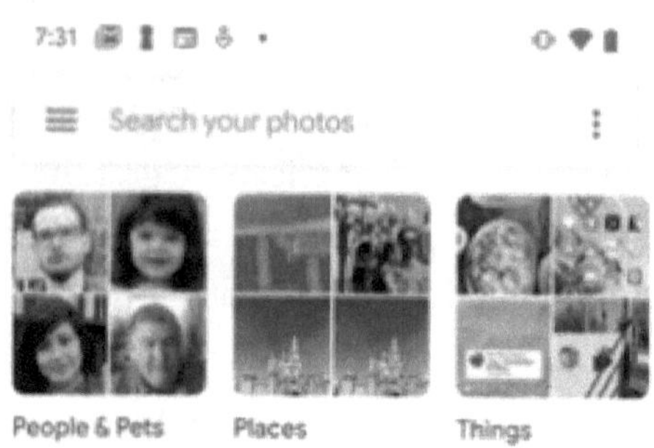

Lorsque vous l'ouvrez, vous voyez des personnes que vous reconnaissez probablement, et lorsque vous cliquez dessus, vous voyez d'autres photos sur lesquelles elles figurent. Plutôt cool, non ? Ce qui est encore plus cool, c'est que vous pouvez donner un nom à ces personnes, afin de pouvoir les rechercher plus facilement. Il suffit de cliquer sur leur visage, puis d'appuyer sur "Ajouter un nom". Dans l'exemple ci-dessous, Google a trouvé le visage de mon chien.

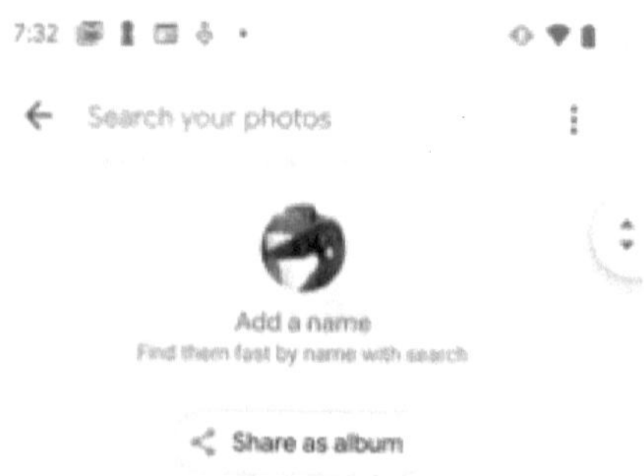

J'ai ajouté son nom, de sorte que lorsque je reviens en arrière, je vois maintenant sa photo avec son nom. Je peux maintenant rechercher des photos en utilisant son nom. Vous pouvez également rechercher des photos à l'aide de noms de lieux ou même d'aliments ou de choses. La recherche de photos est très intelligente, et elle le devient encore plus à mesure que vous prenez des photos.

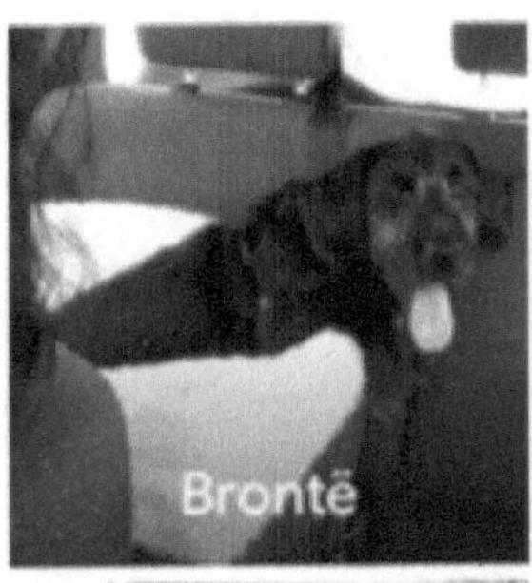

Lorsque vous voulez créer un nouvel album, il suffit de cliquer sur les trois points dans le coin supérieur droit.

Il vous demandera de le nommer ; vous pouvez choisir ce que vous voulez. À partir de là, vous pouvez soit sélectionner automatiquement des éléments basés sur les personnes et les animaux, soit sélectionner vos propres photos.

Si vous sélectionnez vous-même des photos, il vous suffira d'appuyer manuellement sur chacune d'entre elles que vous souhaitez voir figurer dans l'album.

Si vous choisissez la création automatique, il vous suffit de choisir ce que vous voulez utiliser (le nom d'une personne, par exemple).

Une fois l'album créé, vous pouvez toucher les trois points dans le coin supérieur droit pour ajouter d'autres photos, les classer, supprimer l'album ou le partager.

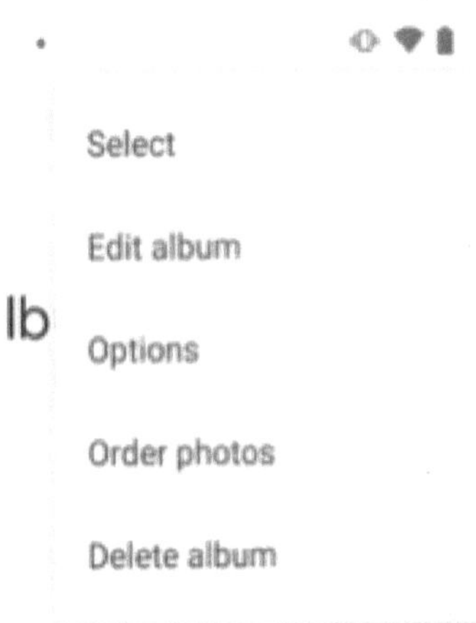

Vous pouvez également cliquer sur le bouton Partager dans l'album (ou sur n'importe quelle photo), ce qui fait apparaître le menu Partage. Vous pouvez partager avec un lien, par e-mail, Bluetoothun message texte, et plus encore.

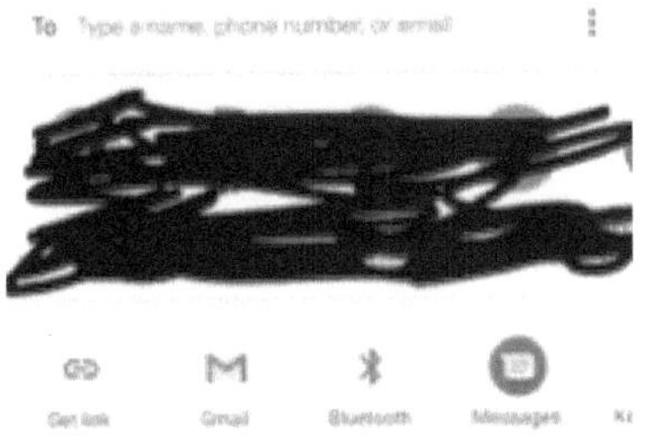

L'option "Assistant" consiste en des recommandations du robot IA de Google ; il recueille des souvenirs sur la base des endroits où vous vous êtes rendu et regroupe ce qu'il considère comme les meilleurs clichés.

La dernière option du menu inférieur est Partage. Le partage vous permet de sélectionner les personnes qui peuvent voir vos photos. Vous pouvez, par exemple, partager toutes les photos d'une certaine personne avec cette personne, et vous pouvez le configurer pour qu'il partage les nouvelles photos de cette personne chaque fois que vous en prenez.

Pour commencer, il suffit d'appuyer sur le bouton "Ajouter un compte partenaire".

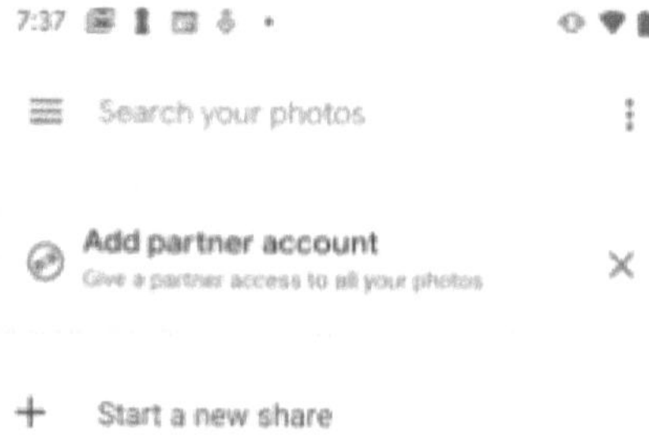

Ensuite, vous verrez un écran vous indiquant ce qu'est le partage. Appuyez sur l'option bleue "Commencer".

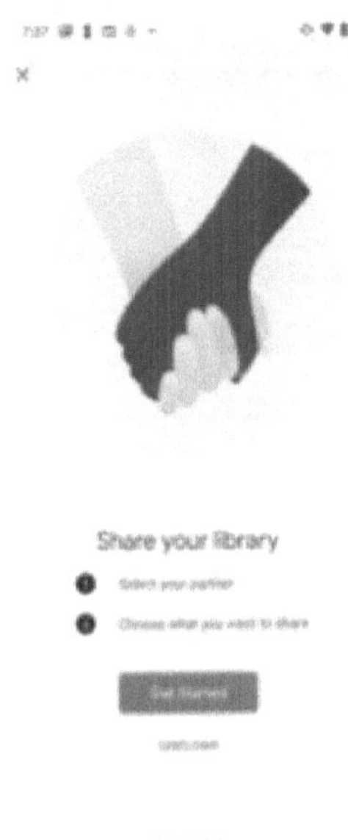

À partir de là, vous pouvez rechercher le nom ou l'adresse électronique de la personne. Google peut également vous suggérer quelques contacts et vous n'avez qu'à appuyer sur leur nom.

Une fois que vous avez choisi la personne, le système vous demande ce que vous voulez partager. Vous pouvez partager chaque photo, maintenant et à l'avenir, ou choisir certaines personnes ou certains jours.

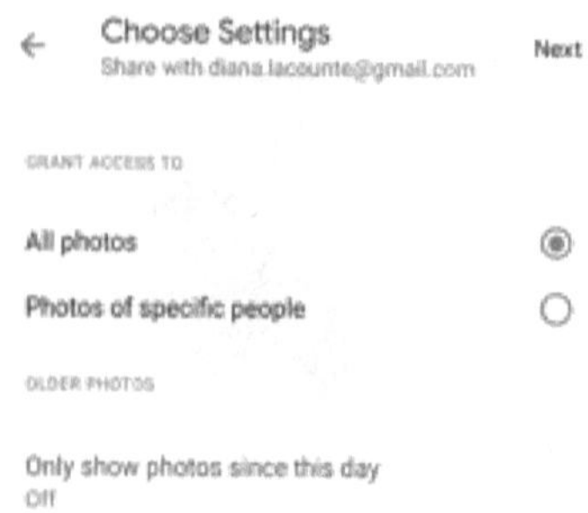

Il confirmera ce que vous partagez avant de le faire ; une fois que vous aurez appuyé sur "Envoyer l'invitation", une invitation sera envoyée par courrier électronique à la personne concernée, qui devra l'accepter avant de voir les photos.

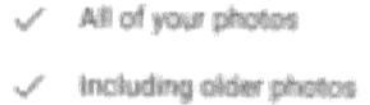

Paramètres

Vous ne passerez probablement pas beaucoup de temps dans les paramètres des photos, mais il est bon de les connaître pour les occasions où vous souhaitez apporter des modifications.

Vous pouvez accéder à vos paramètres en ouvrant l'application Photo, en appuyant sur les trois lignes dans le coin supérieur gauche, puis en appuyant sur Paramètres..

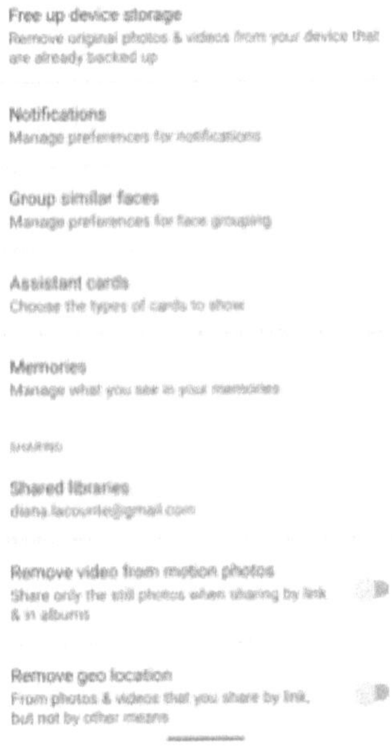

Il y a trois zones de paramètres : Principal, Partage, et Google apps.

Paramètres principaux

- Sauvegarde et synchronisation - Vous permet de choisir la manière dont les photos sont sauvegardées (le compte de messagerie auquel elles sont liées, la résolution des photos, le moment et l'endroit où elles doivent être sauvegardées, etc.)

- Libérer l'espace de stockage de l'appareil - Supprime les

photos de votre appareil et les stocke dans votre compte afin que vous disposiez de plus d'espace pour d'autres photos.

- Notifications - Vous permet de choisir les types de notifications contextuelles que vous recevrez concernant les photos (suggestions de partage, promotions d'impression, ébauches de livre photo, suggestions de livres photo).

- Regroupement des visages similaires - Activez ou désactivez le regroupement des visages. Si vous ne voulez pas qu'un robot scanne vos photos pour déterminer la personne qui se trouve sur la photo, vous pouvez le désactiver ici.

- Cartes de l'assistant : permet de choisir les cartes qui s'affichent dans le menu Assistant de l'application Photos (Créations, Redécouvrir ce jour, Faits marquants récents, Rotations suggérées, Archives suggérées).

- Souvenirs - Les souvenirs sont généralement agréables ; voir Google vous montrer une photo de votre enfant lorsqu'il était bébé peut vous faire sourire en commençant votre journée. Mais parfois, les souvenirs peuvent être désagréables : vous vivez un divorce difficile ou un décès d'un être cher, et Google est là pour vous rappeler son visage. Vous pouvez retirer ces personnes de vos souvenirs ici. Elles ne seront pas supprimées de votre compte, mais elles n'apparaîtront plus dans votre flux.

Paramètres de partage

- Bibliothèques partagées - Vous permet de savoir qui peut voir vos photos.
- Suppression de la vidéo des photos animées - Les photos animées sont agréables, mais elles sont aussi volumineuses. Si vous préférez afficher uniquement la photo et non le clip vidéo qui l'accompagne, vous pouvez le désactiver ici.
- Suppression de la géolocalisation - Vos photos comportent

des balises géographiques (à moins que vous ne les désactiviez) ; cela signifie que lorsque vous partagez une photo, elle peut comporter des éléments tels que votre adresse personnelle. Si vous ne voulez pas que les gens voient cela, vous pouvez désactiver la géolocalisation pour les personnes avec lesquelles vous partagez la photo.

Applications Google

- Google Location Paramètres - Vous permet de choisir les applications qui peuvent voir vos photos.
- Google Lens - Il ne s'agit pas tant d'un paramètre que d'instructions sur la façon d'utiliser l'application.

[7]

Aller au-delà

Ce chapitre couvre :

- Paramètres du système

Si vous voulez prendre le contrôle total de votre Pixel, vous devez savoir où se trouvent les paramètres du système et ce qui peut et ne peut pas être modifié.

Tout d'abord, la partie facile : les paramètres du système se trouvent avec le reste de vos applications. Balayez vers le haut, et faites défiler vers le bas jusqu'à "Paramètres."

Il y a beaucoup de paramètres ici. Voici ceux qui sont disponibles :

- Réseau et Internet
- Appareils connectés
- Apps
- Notification

- Batterie
- Stockage
- Son et vibration
- Afficher
- Papier peint et style
- Accessibilité
- Vie privée
- Localisation
- Sécurité et urgence
- Sécurité
- Mots de passe et comptes
- Bien-être numérique et contrôle parental
- Google
- Système
- A propos du téléphone
- Conseils et soutien

Je vais vous expliquer ce que fait chaque paramètre dans ce chapitre.

Réseau et Internet

Ce paramètre, comme la plupart des paramètres, fait exactement ce qu'il semble faire : se connecter à Internet. Si vous devez vous connecter à une nouvelle connexion sans fil (ou vous déconnecter d'une connexion), vous pouvez le faire ici. En appuyant sur la connexion sans fil actuelle, vous pouvez voir les autres réseaux, et le bouton à bascule vous permet de l'activer ou de la désactiver.

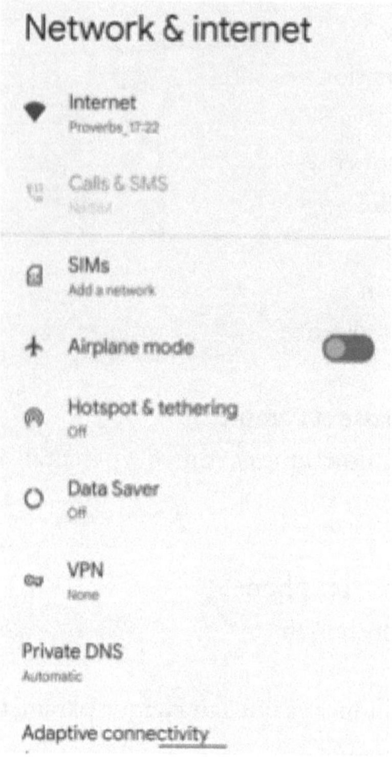

Network & internet

Internet
Proverbs_17:22

Calls & SMS

SIMs
Add a network

Airplane mode

Hotspot & tethering
Off

Data Saver
Off

VPN
None

Private DNS
Automatic

Adaptive connectivity

Le réseau mobile correspond à votre opérateur (Verizon, AT&T, Sprint, etc.).

L'utilisation des données vous indique le volume de données que vous avez utilisé ; en appuyant dessus, vous obtenez une vue d'ensemble plus détaillée, qui vous permet de voir exactement quelles applications ont utilisé les données. En quoi cela est-il important ? Pour la plupart des gens, cela ne l'est probablement pas. Je vais vous donner un exemple de cas où cela m'a aidé : Je travaille beaucoup en déplacement ; j'utilise la connexion sans fil de mon téléphone pour connecter mon ordinateur portable (ce qu'on appelle le tethering) ; mon MacBook était configuré pour sauvegarder sur le cloud, et je ne savais pas qu'il le faisait en se connectant à mon téléphone... 20 Go plus tard, j'ai pu déterminer ce qui s'était passé en regardant les données.

En dessous, il y a le hotspot et le tethering. Il s'agit de l'utilisation des données de votre téléphone pour connecter d'autres appareils ; vous pouvez utiliser le plan de données de votre téléphone, par exemple, pour utiliser Internet sur votre iPad. Certains opérateurs facturent des frais supplémentaires pour ce service. Le mien (AT&T) l'inclut dans son forfait. Pour l'utiliser, touchez le réglage et activez-le, puis nommez votre réseau et votre mot de passe. Depuis votre autre appareil, vous trouvez le réseau que vous avez configuré et vous vous connectez.

Le mode avion est le suivant. Ce paramètre désactive toute activité sans fil à l'aide d'un interrupteur. Ainsi, si vous prenez l'avion et qu'on vous demande d'éteindre tous les appareils sans fil, vous pouvez le faire à l'aide d'un interrupteur.

Enfin, la section Advanced permet d'établir des connexions sans fil sur un réseau privé. Ce n'est pas quelque chose qu'un utilisateur débutant aurait besoin de faire, et je ne vais pas le couvrir, car le but de ce livre est de rester ridiculement simple.

Appareils connectés

"Appareils connectés", c'est la façon qu'a Google de dire "Bluetooth".. Si vous disposez d'un appareil qui se connecte via Bluetooth (tel qu'un autoradio ou des écouteurs), appuyez sur "Associer un nouveau périphérique". Si vous avez déjà apparié un appareil, il s'affichera en dessous et vous pourrez simplement l'effleurer pour le reconnecter.

Connected devices

\+   Pair new device

Previously connected devices

\>   See all

Connection preferences
Bluetooth, Android Auto, driving mode, NFC

Apps

Chaque application que vous téléchargez a des paramètres et des autorisations différents. Une application de cartographie, par exemple, a besoin de votre autorisation pour connaître votre position. Vous pouvez activer ou désactiver ces autorisations ici. Est-ce vraiment important ? Les créateurs d'applications ne peuvent pas en abuser, n'est-ce pas ? En quelque sorte. Voici un exemple : il y a quelques mois, une application populaire de covoiturage a fait les gros titres parce qu'elle voulait savoir où se trouvaient les passagers après leur départ, afin de promouvoir différents restaurants et magasins et de gagner encore plus d'argent. Nombreux sont ceux qui ont estimé que cette démarche était à la fois cupide et constituait une atteinte à la vie privée. Si vous êtes de cet avis, vous pouvez vous rendre ici et cesser de partager votre localisation.

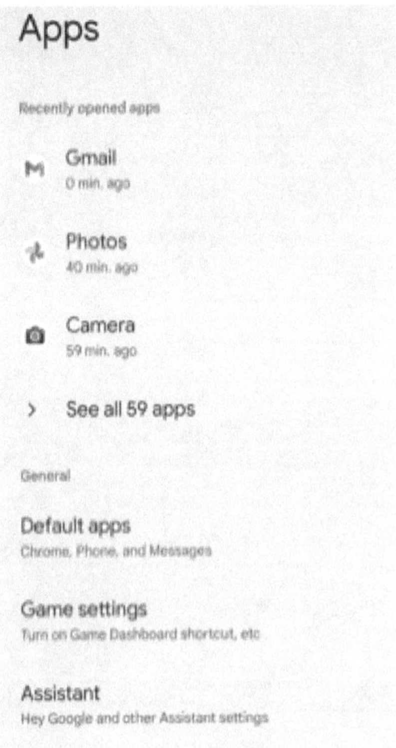

Vous pouvez également utiliser ce paramètre pour activer les raccourcis de jeu.

Notifications

Vous voulez voir les notifications que vous avez accidentellement rejetées ? Vous pouvez le faire dans les paramètres des notifications. Vous pouvez également décider de la priorité accordée aux personnes lorsque vous recevez des notifications. Les bulles permettent aux conversations de s'afficher comme des icônes flottantes ; vous pouvez activer ou désactiver cette fonction ici.

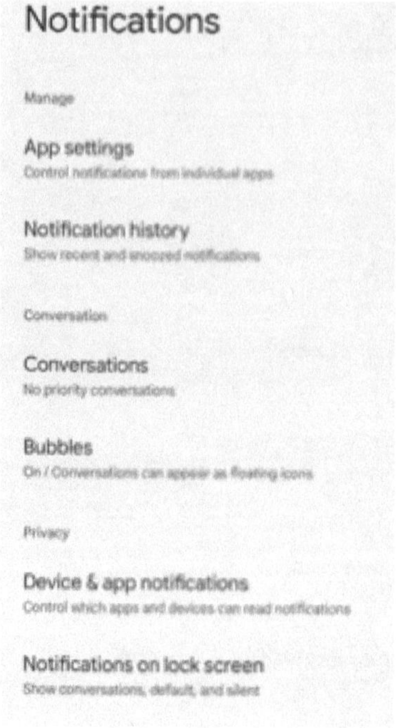

Batterie

Le paramètre de la batterie concerne davantage l'analyse que les paramètres que vous pouvez modifier. Vous pouvez modifier certains paramètres, par exemple mettre votre téléphone en mode d'économie de batterie. Ce paramètre est plus utile si votre batterie se vide trop rapidement ; il vous aide à déterminer ce qui se passe pour que votre téléphone ait plus d'autonomie.

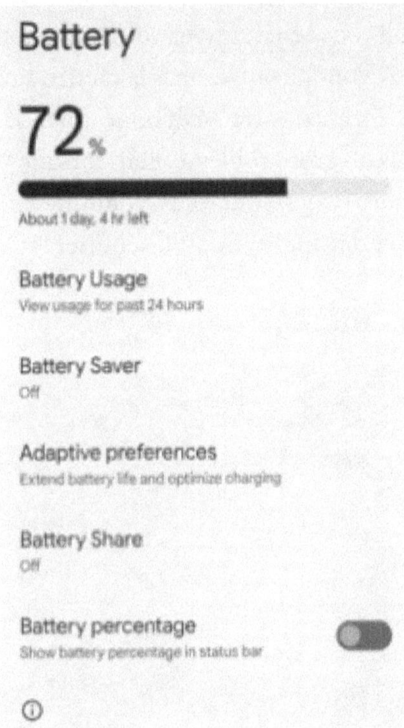

Une batterie plus intelligente

L'IA de Google peut s'étendre à l'autonomie de votre batterie. Par défaut, le Pixel passe automatiquement en mode économiseur de batterie lorsque vous arrivez à 10 % de batterie restante. C'est très bien. Mais vous pouvez également le configurer pour qu'il se mette en marche en fonction de votre routine. Ainsi, l'IA de Google prédit vos habitudes quotidiennes et ajuste la batterie en conséquence.

Pour utiliser ce mode, allez dans l'application Paramètres système, puis appuyez sur Batterie et Économiseur de batterie. Appuyez ensuite sur Définir un calendrier. Appuyez sur l'option qui dit "Basé sur votre routine".

Stockage

Le Pixel n'a pas de stockage extensible pour le SD ; cela signifie que quel que soit ce que vous achetez pour votre téléphone, c'est la quantité dont vous disposez. Vous ne pouvez pas la mettre à niveau plus tard.

Lorsque vous recevez votre téléphone pour la première fois, le stockage ne sera pas un gros problème, mais lorsque vous commencerez à prendre des photos (qui sont plus volumineuses que vous ne le pensez) et à installer des applications, il s'épuisera très rapidement.

Storage

20 GB used   128 GB total

Free up space
Go to Files app to manage and free up space

System   13 GB

Apps   6.6 GB

Images   102 MB

Trash   7.3 MB

Audio   194 kB

Documents & other   0 B

Le paramètre de stockage vous aide à gérer cela. Il vous montre ce qui occupe de l'espace de stockage, ce qui vous permet de décider si vous voulez supprimer des éléments. Il suffit d'appuyer sur l'une des sous-sections et de suivre les instructions pour gagner de l'espace.

Son & Vibration

Il y a un bouton de volume sur le côté de votre téléphone, alors pourquoi avoir besoin d'ouvrir un réglage pour lui ! Ce paramètre vous permet d'être plus précis sur le volume.

Par exemple, vous pouvez vouloir que votre alarme sonne très fort le matin, mais que votre musique soit très faible.

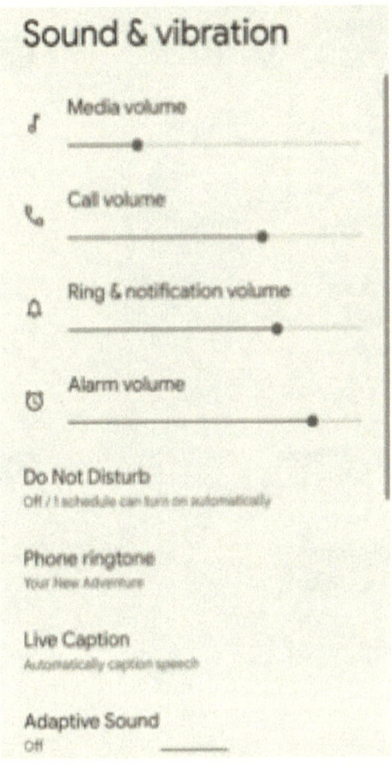

Afficher

Comme pour la plupart des paramètres, presque toutes les principales caractéristiques du paramètre Affichage peuvent être modifiées en dehors de l'application. Si vous appuyez sur "Avancé", cependant, vous verrez certains paramètres qui ne se trouvent pas ailleurs. Il s'agit notamment de la modification des couleurs et de la taille des polices.

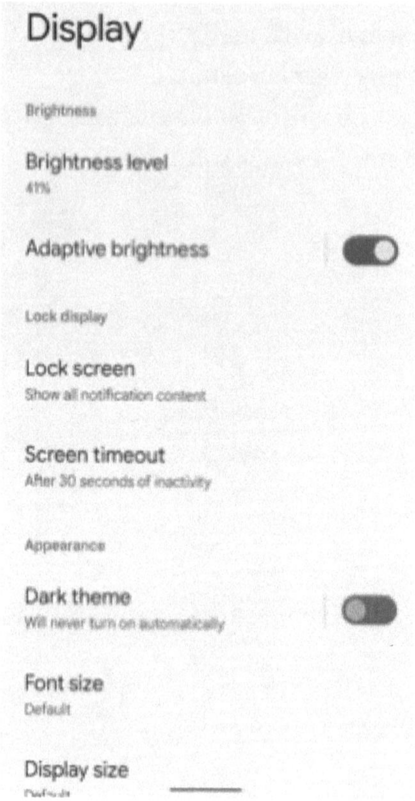

Papier peint et style

Ce paramètre n'est rien d'autre que le paramètre qui apparaît lorsque vous accédez au papier peint depuis votre écran d'accueil.

Accessibilité

Vous détestez les téléphones parce que le texte est trop petit, que les couleurs sont toutes mauvaises, que vous n'entendez rien ? Ou autre chose ? C'est là que l'accessibilité peut vous aider. Il s'agit d'apporter des modifications à l'appareil pour le rendre plus facile pour vos yeux ou vos oreilles.

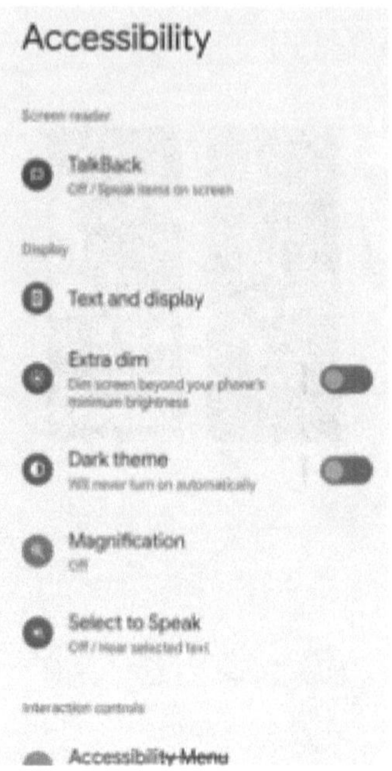

Vie privée

Comme la localisation (abordé ci-dessous), les paramètres de confidentialité ont été grandement améliorés dans Android 12. Ils sont si importants qu'ils remplissent désormais une section entière des paramètres.

Allez dans Système > Confidentialité et appuyez sur "Avancé" pour les voir tous.

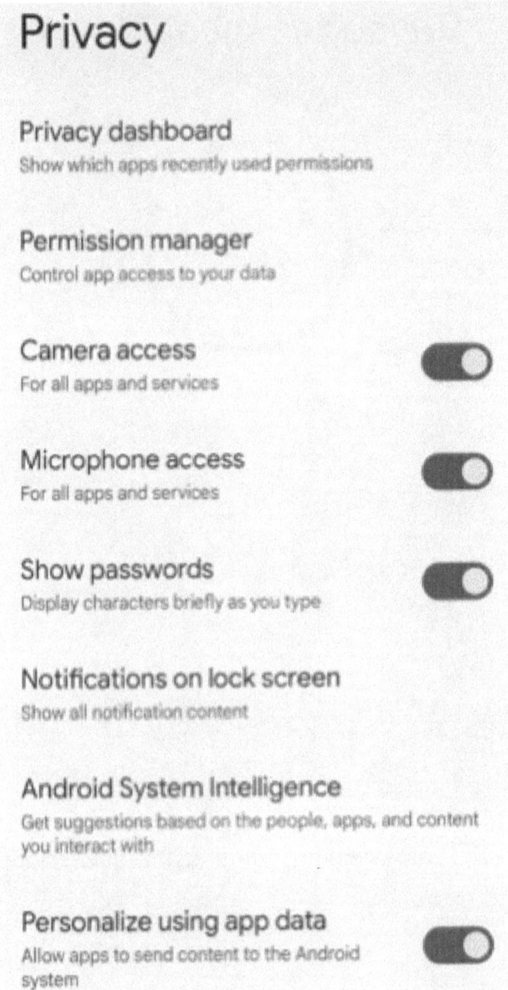

La plus grande amélioration est la possibilité de personnaliser ce que les applications voient et ce qu'elles voient ; ce n'est plus du tout ou rien. Vous pouvez préciser exactement ce que chaque application peut voir ou non.

Le tableau de bord de la confidentialité est l'un des moyens les plus simples de voir ce que font les applications. Dans l'exemple ci-dessous, il montre qu'au cours des dernières 24 heures, la plupart de mes applications ont utilisé ma localisation.

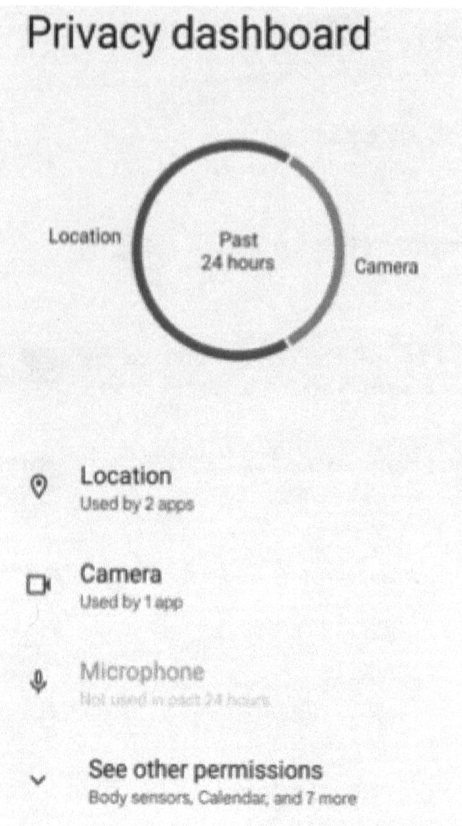

En cliquant sur l'emplacement, vous verrez quelles applications ont utilisé l'emplacement.

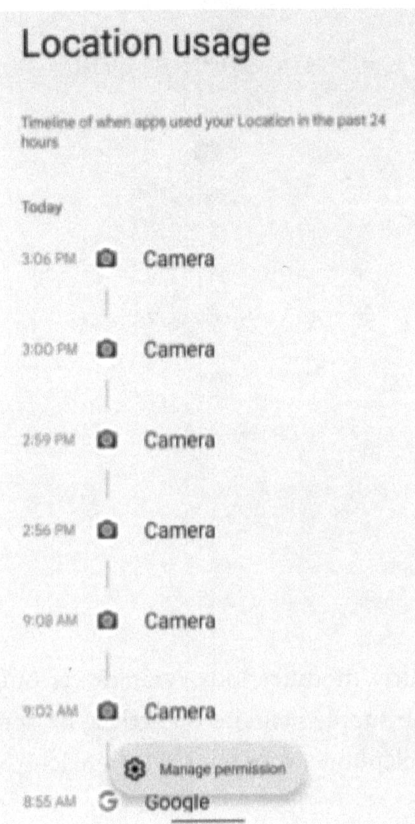

Vous pouvez ensuite appuyer sur Gérer les autorisations (soit sur cet écran, soit sur l'écran principal des paramètres) pour désactiver le partage de l'emplacement.

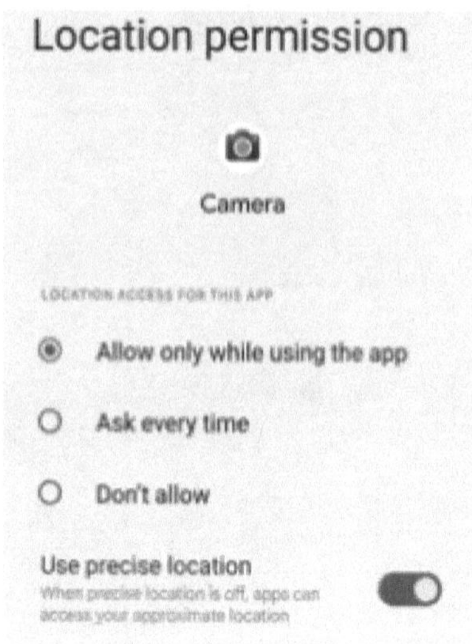

Sécurité

Si vous souhaitez modifier votre écran de verrouillage, ajouter une empreinte digitale supplémentaire ou activer/désactiver le paramètre de recherche du téléphone, vous pouvez le faire ici.

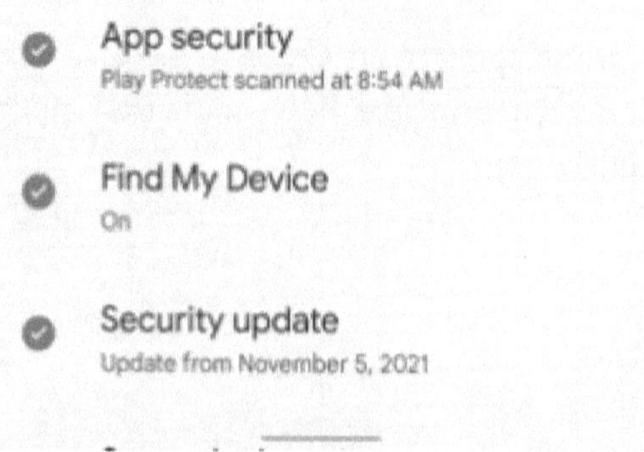

Localisation

Dans le passé, le contrôle de la localisation était une fonction tout ou rien : vous décidiez si une application pouvait vous voir tout le temps ou pas du tout. C'est une bonne chose pour le respect de la vie privée, mais ce n'est pas une bonne chose lorsque vous avez besoin que quelqu'un connaisse votre position, comme lorsque vous êtes pris en charge par une application de transport comme Lyft. Le nouveau système d'exploitation Android ajoute une nouvelle option pour la période où vous utilisez l'application. Ainsi, par exemple, une application de transport ne peut voir votre position que pendant que vous utilisez l'application ; une fois la course terminée, elle ne peut plus voir ce que vous faites.

Pour choisir l'emplacement qu'une application peut voir, allez dans Système > Emplacement. et sélectionnez l'application, puis appuyez sur quand elle peut voir votre position.

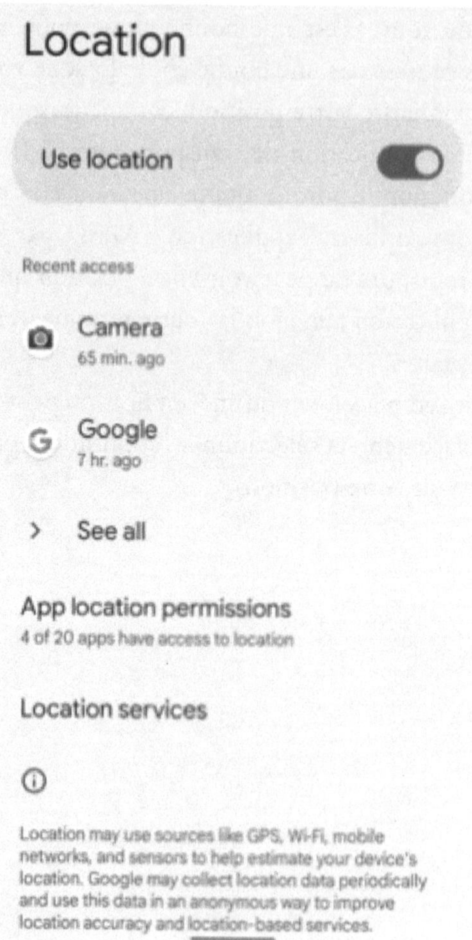

Sécurité et urgence

Ces paramètres vous permettent d'ajouter des informations importantes vous concernant, comme votre groupe sanguin, et d'activer des fonctions de sécurité, comme la détection des collisions si votre appareil mobile détecte un mouvement fréquent lors d'un accident de voiture.

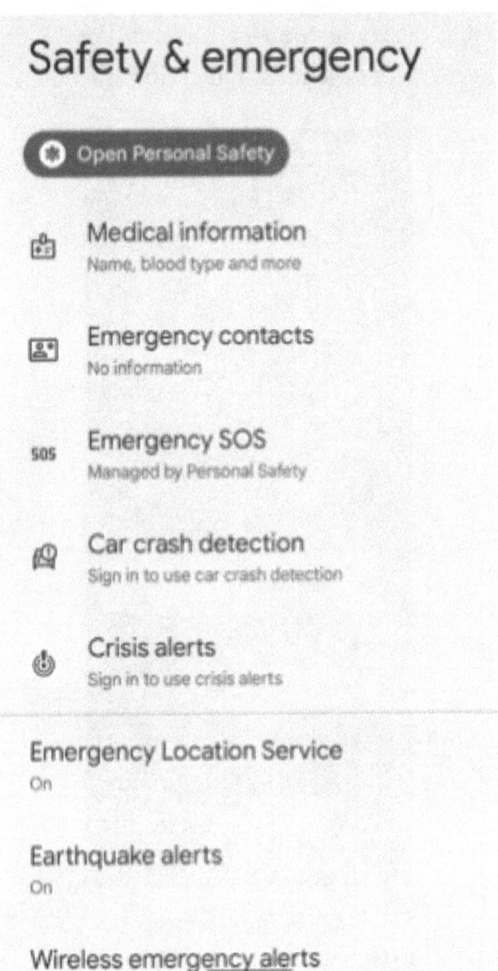

Détection des accidents de voiture

Personne n'espère utiliser cette fonction, mais vous en serez reconnaissant si l'impensable se produit. Lorsque la détection d'accident est activée, votre téléphone alerte les services d'urgence s'il détecte que vous avez eu un accident de voiture. Il n'appellera pas immédiatement, il vous donnera une invite pour vous dire ce qu'il fait, donc si c'est une erreur, vous pouvez l'arrêter. Pour l'activer, accédez à Paramètres > Sécurité et urgence > Détection d'accident de voiture.

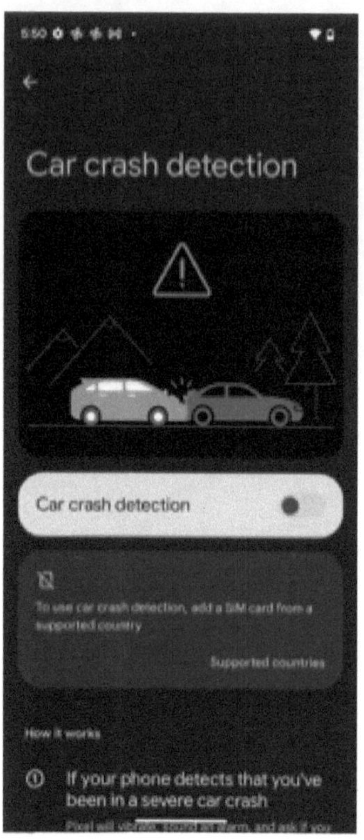

Bien-être numérique

Le bien-être numérique est la fonction que je préfère le moins sur le téléphone Pixel ; maintenant, quand ma femme me dit "Tu passes trop de temps sur ton téléphone", elle peut le prouver !

Le but de ce paramètre est de vous aider à mieux gérer votre temps. Il vous fait savoir que vous passez 12 heures par jour à mettre à jour vos médias sociaux avec des mèmes de chats, et "espérons" vous faire sentir que peut-être vous ne devriez pas faire cela.

Google

Google est l'endroit où vous allez pour gérer tout appareil Google connecté à votre téléphone. Si vous utilisez une montre Google, par exemple, ou un Chromecast.

Système

Le système est important pour une raison très importante : les mises à jour du système. Si votre téléphone n'est pas configuré pour télécharger automatiquement les mises à jour, vous devrez le faire manuellement.

Appuyez sur le bouton "Avancé".

Cela vous donne un menu avec plus de fonctionnalités. L'une d'elles est "Mise à jour du système". S'il y a une mise à jour disponible, cela sera indiqué. Si c'est le cas, appuyez dessus.

Vous devrez redémarrer votre téléphone avant qu'il ne soit téléchargé.

Security update available

This update fixes critical bugs and improves the performance and stability of your Pixel 3. If you download updates over the cellular network or while roaming, additional charges may apply.

Update size: 108.5 MB

   **Restart now**

Vous pouvez également modifier la langue dans ce paramètre, ainsi que modifier les gestes et imposer des limites aux utilisateurs.

A propos du téléphone

C'est ici que vous trouverez des informations générales sur votre téléphone. Par exemple, le système d'exploitation que vous utilisez, le type de téléphone que vous avez, l'adresse IP, etc. Il s'agit plutôt d'un FYI, mais il y a quelques paramètres que vous pouvez modifier.

Conseils et soutien

Ce n'est pas vraiment un cadre. Il s'agit simplement de conseils et de soutien. Vous pouvez également parler avec un soutien ici.

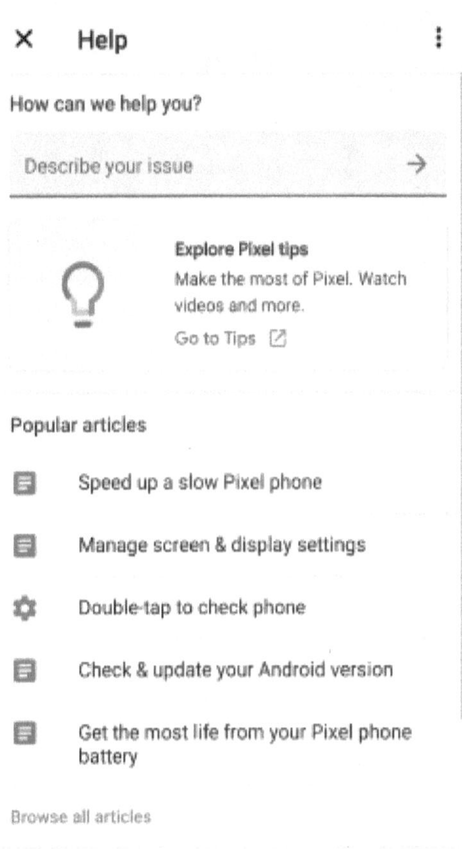
✕   Help
How can we help you?
Describe your issue   →
Explore Pixel tips
Make the most of Pixel. Watch videos and more.
Go to Tips
Popular articles
Speed up a slow Pixel phone
Manage screen & display settings
Double-tap to check phone
Check & update your Android version
Get the most life from your Pixel phone battery
Browse all articles
Contact us   Show hours

Index

V

W

A propos de l'auteur

Scott La Counte est bibliothécaire et écrivain. Son premier livre, *Queit, Please : Dispatches from a Public Librarian* (Da Capo 2008) a été le choix de la rédaction du Chicago Tribune et un titre découverte du Los Angeles Times ; en 2011, il a publié le livre YA The N00b Warriors, qui est devenu un best-seller Amazon #1 ; son livre le plus récent est *#OrganicJesus : Finding Your Way to an Unprocessed, GMO-Free Christianity* (Kregel 2016).

Il a écrit des dizaines de guides pratiques sur les produits technologiques, qui sont devenus des best-sellers.

Vous pouvez le contacter à l'adresse ScottDouglas.org.

www.ingramcontent.com/pod-product-compliance
Lightning Source LLC
Chambersburg PA
CBHW031312160726
47993CB00001B/382